W0381878

E. A. Rauter

Die neue Schule des Schreibens

E.A. RAUTER

DIE NEUE SCHULE DES SCHREIBENS

Von der Gewalt der Wörter

ECON

Die Deutsche Bibliothek – CIP-Einheitsaufnahme

Rauter, E. A.:
Die neue Schule des Schreibens:
Von der Gewalt der Wörter / E. A. Rauter
Düsseldorf: ECON, 1996
ISBN 3-430-17661-1

© 1996 by ECON Verlag GmbH, Düsseldorf.
Alle Rechte der Verbreitung, auch durch Film, Funk und Fernsehen, fotomechanische Wiedergabe, Tonträger jeder Art, auszugsweisen Nachdruck oder Einspeicherung und Rückgewinnung in Datenverarbeitungsanlagen aller Art, sind vorbehalten.
Lektorat: Peter Weismann
Gesetzt aus der Baskerville
Satz: Dörlemann Satz, Lemförde
Papier: Papierfabrik Schleipen GmbH, Bad Dürkheim
Druck und Bindearbeiten: Pustet, Regensburg
Printed in Germany
ISBN 3-430-17661-1

Tse-lu fragte:
Wenn der Fürst von Wei dich erwartete, damit du das Land für ihn verwaltest, was würdest du zuerst tun?

Der Meister antwortete:
Ich würde auf jeden Fall zuerst die Sprache in Ordnung bringen.

Tse-lu sagte:
Was ich fragte, hat doch mit der Sprache nichts zu tun. Warum sollte die Sprache in Ordnung gebracht werden?

Der Meister darauf:
Wie schwerfällig du bist! Der Edle sollte sich, wenn von Dingen die Rede ist, die er nicht versteht, zurückhalten. Wenn die Sprache ungenau ist, stimmt das, was gesagt wird, nicht mit dem überein, was gemeint ist. Wenn aber das, was gesagt wird, nicht mit dem übereinstimmt, was wirklich gemeint ist, kann das, was getan werden soll, nicht ausgeführt werden. Deshalb gebraucht der Edle nur eine Sprache, in der man sich vollkommen klar ausdrücken kann.

Konfuzius

Inhalt

Der Mensch braucht das Zuhausesein in Wörtern. Der Krebsdunst in den Großstädten wird von den Substantivschwaden aus den Zeitungen angereichert. Öffentlich Schreibende werfen den Leser aus seinen Wörtern hinaus.

Auf den Seiten unserer Zeitungen stehen Texte herum wie Stacheldrahtzäune. Die Sätze halten mich aus dem Geschehen heraus, von dem sie handeln. Unverständliche Texte nehmen uns von der Freiheit, die uns die Verfassung verspricht.

Vom Deutsch der Redakteure verstört, will ich nicht wissen, was Aufsichtsräte und Minister mit mir vorhaben. Die Sprache in den Zeitungen verwirrt meine Neugierde auf mein Ergehen. Das diffus Geschriebene dämpft meine Lust, mich einzumischen. Wo ich hinlese, treffe ich auf unverständliche Sätze. Unverständlichkeit öffentlicher Rede ist für jeden von uns gefährlich. Wer nicht weiß, aus welchen Gründen die Ereignisse eintreten, die alle angehen, entwickelt keine Lust, in öffentlichen Angelegenheiten mitzureden. Der Halbwissende meldet sich erst zu Wort, wenn Nachbarkinder in der Nähe eines Atomkraftwerkes an Leukämie sterben oder die Regierung die Schulden – die sie gemacht hat, um an der Macht zu bleiben – dadurch aus der Welt schafft, daß sie den Bürgern mit einer Währungsreform die Ersparnisse nimmt.

Der Schaden, den Journalisten mit Wörtern anrichten, ließ den dänischen Philosophen, Theologen und Schriftsteller Sören Kierkegaard vor 150 Jahren schreiben: »Gott im Himmel weiß: Blutdurst ist meiner Seele fremd und die Vorstellung, daß ich mich vor Gott verantworten muß, glaube ich in einem furchtbaren Grade zu haben; aber dennoch, dennoch wollte ich in Gottes Namen die Verantwortung auf mich nehmen, *Feuer!* zu kommandieren, wenn ich mich nur zuvor mit der ängstlichsten, gewissenhaftesten Sorgfalt davon überzeugt hätte, daß die Gewehrläufe auf keinen anderen Menschen, ja auf kein anderes lebendes Wesen gerichtet wären als auf – Journalisten.« Friedrich Nietzsche schrieb im Jahr 1882: »Noch ein Jahrhundert Zeitungen – und alle Worte stinken.«

Schreiben heißt, sich gegen Wörter stemmen

Ein großer Teil der Wörter schreibt sich selbst. Viele Wörter werden durch Gewohnheit in uns ausgelöst. Es ist normal, daß ein Verfasser nicht alles weiß, was in seinem Text steht. Häufig wird er geschrieben. Wir sind nicht empfindlich genug gegenüber der Gewalt der Wörter über uns. Wer überzeugt ist, er wisse immer, was er schreibt, hat die Eigenständigkeit und die Kraft nicht entdeckt, mit denen Wörter sich einen Platz auf dem Papier erzwingen und erschleichen. Man findet Schwächen in eigenen Texten schneller, wenn man untersucht, wie genau man versteht, was man geschrieben hat.

Die Art, wie ich anfing, Kurzgeschichten zu schreiben, war nicht weit davon entfernt, Wörter in Stein zu hauen. Wer Texte in Granit meißelt, schaut Wörtern länger aufmerksam zu, er erfährt mehr darüber, was Wörter mit ihm tun, als der, der mit tanzenden Fingern in die Tastatur formuliert. Will man andere mit gedruckten Wörtern festhalten, hat man mehr Erfolg, wenn man die Wirkung von Wörtern auf sich selbst bewußt erlebt hat.

Ich probierte aus, ob ich mich durch Schreiben ernähren könne. Ich hatte Schwierigkeiten, morgens aus dem Bett zu kommen. Wer das für einen Witz hält, weiß nicht, was niedriger Blutdruck mit einem Menschen am Morgen macht. Zum anderen leide ich an Vorgesetzten, also hörte ich auf, Vorgesetzte zu haben. Wegen meiner Absicht, nicht mehr pünktlich zu sein, schickte ich Kurzgeschichten durch Westdeutschland. Mit einer Kopie, dachte ich, oder einem Durchschlag, vernichte ich von vornherein die Bereitschaft des Feuilleton-Redakteurs, meinen Text wohlgesonnen aufmerksam zu lesen, drucken und honorieren zu lassen. Ich verschickte Originale, sechzig- bis achtzigmal. Wenn man das hinter sich gebracht hat, ist man ein anderer Mensch. Man erfährt einiges über sich und die Wörter, das man auf andere Weise nicht erführe.

Ein Journalist, der schreibt: »kläglich versagt«, ist ein Opfer der Journalisten, die vor ihm geschrieben haben: »kläglich versagt«. Er verwendet das Umstandswort nicht, weil er Genaues wüßte über die Art, in der jemand »versagt« hat, nicht, weil er wüßte, daß der Versager verzweifelt, widerstrebend, höhnisch, hämisch, lachend, triumphierend oder traurig versagt habe. Vielleicht hat er trotzig versagt. In seltenen Fällen ist der Berichterstatter anwesend während des Versagens, von dem er behauptet, es sei kläglich gewesen. Er hat keinen anderen Grund, die Behauptung aufzustellen, als den, daß viele vor ihm dasselbe geschrieben und gesagt haben.

Die Absicht, das Verb »versagen« zu verwenden, ruft das Adverb »kläglich« herbei. Es ist der Pawlowsche Speichel, der rinnt, sobald die Futterglocke des Zeitworts »versagen« läutet.

Jemand sagt: »Eine ansteckende ...«, und nichts auf der Welt kann mich davor bewahren, daß es in mir weiterartikuliert und weiterrattert: »... Krankheit«. Nach »in mühevoller« folgt »Kleinarbeit« so sicher wie das »Amen« in der Sogenannten. Mit Vokabelklumpen kann man Wirklichkeit nicht nachbilden. Wörter werden leicht zum Denk- und Erkenntnisverhängnis.

Wer zu schreiben beginnt: »Die Meldung vom gewaltsamen Tod der beiden Mädchen ist mit Vorsicht ...«, den macht der Text zu Ende schreiben: »... zu genießen.« Die Wörter »mit Vorsicht« diktieren dem Autor die Wörter »zu genießen«. Sie ziehen ihn hinter sich her. Gedankenlos mahnt er uns, in der Vorstellung von zwei weiblichen Kindsleichen nicht zu schwelgen, sich der kleinen Toten in der Phantasie mit bedachtsamem Geschmäcklertum anzunehmen. Es bedarf einer besonderen Anstrengung des Autors, sich dem Mechanismus zu entziehen, dem er sich überantwortet hatte mit den Worten: »... ist mit Vorsicht ...«. Die Wendung mag durch Konvention legitimiert sein. Legitimität garantiert nicht Witz noch Wahrheit. Redewendungen können für Gedanken stehen, die der Schreibende nicht gedacht hat. Konvention ist steif geschlagenes Denken.

Erfahrungen, die man Begabung nennt

Menschen erleben Sprache gewöhnlich als Naturprodukt. Sprechen und Schreiben ist ihnen fast so selbstverständlich wie Atmen, solange sie in ihrer Muttersprache bleiben. Mir waren Wörter vom ersten Lebenstag an nicht nur Lebensmittel, auch Spielmittel. »Vom ersten Lebenstag an« heißt, mein Vater kärntnerte, meine Mutter berlinerte, während ich entstand. Ich vermochte in der Muttersprache nicht richtig heimisch zu werden. Ich geriet in zwei verschiedene Arten von Deutsch. In der Periode, in der im Gehirn die tiefsten Prägungen vor sich gehen, erfahren die meisten Kleinkinder: ein Ding, ein Wort. Am Anfang meines Sprachlebens erfuhr ich, viele Dinge hatten zwei Wörterseiten – »Küche« war auch »Kuchl«; ein »Baum« auch »Bam«; sagte mein Vater: »Sie kimp«, verstand ich, daß meine Mutter an mein Bett kommt. Ich lernte, hin und her zu schalten zwischen »liesnan« und »zuhören«, zwischen »Johannisbeeren« und »Ribisln«, »Kartoffeln« und »Erdäpfeln«. Der »Bua«, das war ich, und auch der »Junge«.

Auch andere Menschen wachsen zweisprachig auf und werden trotzdem keine Schriftsteller. Mit achtzehn Monaten wechselte das Doppelsprach-Ambiente, wir zogen nach Durlach – dort liegen die Reste meiner Mutter unter der Erde, sie wurde in Karlsruhe abgelöst von einer Stiefmutter, da war ich das »Männle« oder »Mannele«.

Ich war gerade sieben, da bedeuteten die Beamten der Partei des führenden Österreichers Adolf Hitler meinem Vater, Bruder eines Mitglieds der KPD, aus dem Land zu verschwinden oder in einen Ofen. Mein Vater wählte das halbdeutsche Frankreich.

In der Colmarer Straße in Straßburg schrien die Kinder meiner Schule hinter mir her »du Dietscher« oder »du Ditscher«, sie meinten, »du Deutscher«, wic man sagt »du Arschloch« oder »du dumme Sau«.

Mit elf schickte mich der Lebenslauf ins Pfälzische in ein Landerziehungsheim, ich hörte täglich alle deutschen Dialekte, die südlich der Mainlinie gesprochen werden, bis zu meinem sechzehnten Lebensjahr. Dann sprang ich aus dem zweiten Stock in ein weiches Blumenbeet, probierte ein Jahr lang Kärnten aus bei Pflegeeltern, arbeitete in einer Buchdruckerei als Setzerlehrling. Es trieb mich über die Karawanken nach Italien, von dort nach England. Auch solche Sprachenstrecke vor dem Erwachsenenalter garantiert nicht, daß ein Mensch vom Schreiben wird leben können. Es hat aber Wirkungen, die größere Beweglichkeit begünstigen, Beweglichkeit gegenüber Auffassungen und größere Unabhängigkeit gegenüber Provinzialität; meine Pflegeeltern im Gurktal hätten gesagt: Charakterlosigkeit.

Von der Intuition oder Wie ich eine Lampe kaufte

Ich baute mich in Geschäften vor Lampen auf, wochenlang, immer wieder, und äugte Lampen. Ich stellte mir das milchige Grün des Teppichbodens meines Wohnzimmers vor, das Schwarz einer dominierenden Vitrine, des Bettes, das Weiß der Batistvorhänge, den schwarzen Schreibtisch. Ich sah, während ich vor Lampen auf meine Kaufentscheidung wartete, auch die Eichelhäher, sie führten vor der Glasfront meines Wohnzimmers helles Rosaviolett vor, weiße Bürzel, weißen Flügelfleck und blauschwarz gebänderte Flügeldecken, in einem Zwetschgenbaum, der gegen Ende des Sommers kleine rote Herde zu meinem Balkon herüberglüht und in die Zeit des Herbstes hinein immer deutlicher wird zu tintenfarbigen Früchten. Ich wartete auf die Auskunft meiner Intuition, ob diese oder jene Lampe zu meiner Zimmereinrichtung und zu meiner Balkonaussicht passen würde. Lange wollte keine Lampe sich für mich entscheiden.

Einmal ging ich in einem Antiquitätengeschäft so weit, ein Stück anzuzahlen und mitzunehmen. Ich legte es in den Kofferraum und fuhr es durch München bis zum grünen Fußbodenbelag und zu den auf starken Kontrast bedachten Eichelhähern. Während der fünfzehn Kilometer Zeit entwickelte sich meine Empfindlichkeit. Im Kofferraum lag ein weißgrün gebänderter Glasschirm mit dunkelmessingfarbener Stange. Je näher ich sie heranführte an Teppichboden, Vitrine, Bett, Vorhänge, Zwetschgenbaum und Eichelhäher, um so weniger paßten sie, um so klarer entstellten sie sich zur Deutlichkeit. Als ich vor dem Hauseingang den Motor abschaltete, wußte ich, was im Kofferraum lag, wollte ich zurückbringen. In dem Bedürfnis nach korrektem Verhalten gegenüber der Verkäuferin, die sich meinetwegen die Mühe gemacht hatte, die Lampe abzuhängen, auseinanderzunehmen und einzupacken, trug ich Stange und Schirm in den ersten Stock und hielt beides über den Tisch, der in einem Türkis gestrichen ist, wie ich es kenne von mallorquinischen Ufern in den Kalmen des Januar. Mag sich auch der Glasschirm bemüht haben – die Messingstange zeigte sich nicht kooperativ. Das Metall war zu dunkel, erinnerte an braune Lasur eher als an Gold. Die dunkle Whiskyfarbe der Stange ließ die Lampe altbacken bieder aussehen, sie trachtete, meinen weißen Batist herabzusetzen und das Meerestürkis über Sandgründen auf meinem runden Tisch zu verspießern.

Das Wesentliche an der Geschichte ist der erste Moment der Begegnung mit der Lampe. Da gab es Messing und Grün, die sich gegenseitig mochten. Mit ihrer gegenseitigen Mögerei verführten sie mich, sie in der Nähe des milchgrünen Fußbodenbelags, der schwarzen Vitrine und des kontrastreich gefiederten Eichelhäherpaares sehen zu wollen. Hätten das Grün und das Messing nicht so gut zusammengepaßt, hätten sie mich nicht so leicht verführt, sie in meine Wohnfarben einbringen zu wollen. Das Grün meines Teppichbodens fichtelte über die Maßen, trotz seiner Vermilchung. Ich hatte die Fichtenhuberei des Teppichbodens vom Vormieter übernehmen müssen, hatte keine andere Wahl gehabt, außer mehrere tausend Mark auszugeben für einen neuen Belag – das verbot sich aus mehreren Gründen. Das Grün des Lampenschirms fichtelte schlimmer, ich hätte einem bayerischen Schützenverein beitreten müssen, um zu rechtfertigen, daß er in meinem Wohnzimmer hing. Ich habe nichts gegen bayerische Schützenvereine, ich bemühe mich, gegen immer mehr Dinge nichts zu haben. Ich litt es aber nicht, daß das Fußbodengrün, das ich gezähmt hatte durch das Batistweiß der Vorhänge und das Schwarz einer Vitrine, eines Schreibtisches und eines Bettgestells, triumphieren sollte über mich durch ein von der Decke hängendes Förstergrün – Förster sind nicht schlechter als Notare, Kfz-Mechaniker oder Drogisten –, durch ein Grün, das noch auftrumpfte mit dem Dunkelwhisky von lange nicht geputztem Messing. Das Messingwhisky und das Grün vertrugen sich gut, solange sie als Lampe unter sich blieben.

Ich *wollte*, es würde meinem Milchgrün-Schwarzweiß mit ihnen zusammen noch besser gehen. Das war der Fehler. Je länger man sucht, um so eher ist man bereit, das Suchen zu beenden, indem man sich entschließt, gefunden zu haben. Unentschlossenheit strengt an. Das Wollen war der Fehler, es schuf einen Zustand der Empfindungsverworrenheit. Die Autofahrt mit der Fehlentscheidung im Kofferraum legte meinem Wollen eine Zwangspause auf. Während der Pause hatte das Unbehagen, die Intuition, Zeit, deutlich zu werden und aufzusteigen zu Bewußtsein.

Das Wollen stört die Deutlichkeit beim Wahrnehmen dessen, was man kaufen will, was man malen will, komponieren oder schreiben. Ich versuche, mich beim Schreiben nicht durch die Absicht zu behindern, schreiben zu wollen. Nichts schädigt das Geschriebene so sehr wie der Vorsatz zu schreiben.

Es behindert beim Darstellen. Das Wollen stört die Intuition. Intuition ist, was dem Wissen vorausgeht. Sie ist der schnellere Verstand. Das Gehirn registriert, was ist, bevor es das Registrierte zu Verstand zubereitet. Der Verstand ist nicht das Gehirn. Erlebnisse, welcher Art auch immer, werden gespeichert, bevor unser Gehirn sie ins Erkennen entläßt. Das Wollen übt Gewalt aus aufs Erkennen. Es stört die Deutlichkeit beim Wahrnehmen dessen, was man beschreiben will. Es lenkt den Verstand, der seine Richtungssignale bereits bekommen hat, in die falsche Richtung, indem es die Intuition übertönt. Intuition ist die Wahrnehmung der Wirklichkeit ohne Selbstzensur.

Und dann begegnete ich ihr in einem Antiquitätengeschäft in der Amalienstraße in Schwabing. Sie sprach zu mir deutlich und entschieden. Beim grün-weißen Glasschirm mit dem Whisky-Messing hatte ich mich noch abgesichert durch die Frage, ob ich die Lampe eventuell zurückbringen dürfe. Der Vorbehalt hätte mir Beweis sein sollen, daß mein Gefühl mehr wußte und erkannt hatte, die beiden verschiedenen Grüns und das Dunkelhonig würden mich ins Biedere verändern wollen. Für diese Wohnung gab es über dem Meeresgrüntisch auf der Welt nur eine Lampe, ich hatte das Glück, daß sie sich gerade in München befand.

Feine weiße Schnüre aus Glasperlen regnen vom flachen weißen Porzellanschirm. Ein Band aus Karos unterbricht das Geriesel, zusammengesetzt aus mattgelben, abgekanteten Glasperlen und eingefaßt von mattschwarzen. Auch bei ihr ist Messing im Spiel. Sie hängt an textil überzogenen Drähten, Elektroschnüren, kaum dicker als Schnürsenkel, diese laufen über weiße Porzellanrollen, wie mit einem Flaschenzug läßt sich die Lampe tiefer ziehen oder anheben. Die unteren Rollen ragen ein Stück aus einer Messingschale in halber Höhe der Schnüre, die oberen sind befestigt an einer Blende aus Messing, die umgekehrt schalenförmig von der Decke schaut. Die Messingstücke geben dem Karogelb einen Sinn. Sie hängt jetzt fünf Jahre bei mir. Wenn ich mich außerhalb des Zimmers aufhalte, lasse ich die Türe offenstehen, damit ich jederzeit zu ihr hinübersehen kann.

Gefühl erkennt, ob Wörter treffen

Häufig kann ich nicht deutlich erkennen, ob ich mit einem Satz von mir einverstanden bin oder nicht. Statt an die Sache zu denken, über die ich schreiben soll, verengt sich meine Aufmerksamkeit auf das Vergehen der Minuten bis zum Abgabetermin oder um die Gewißheit, ich sei nicht »begabt« und zur Einfallslosigkeit verdammt; oder um die Sorge, ich könnte durch ungewöhnliche Vokabeln den Chefredakteur gegen mich aufbringen. Eine meiner Befürchtungen, die mich gegenüber meinem Gegenstand erblinden lassen, kann man als Trägheit bezeichnen: Es ist die Angst, durch gründlichere Beschäftigung mit dem Gegenstand so viel Falsches in meinem Text zu entdecken, daß ich mich gezwungen sehen könnte, ganze Passagen oder Seiten – die zu schreiben auch schon Kraft gekostet hat – wegzuwerfen oder umzuschreiben. Unsicherheit entsteht bei Autoren, weil sie beim Auftraggeber eine bestimmte Erwartung voraussetzen. Ich habe mich beim ersten Auftrag der Zeitschrift »Geo« zunächst gefragt: »Wie schreibt man für ›Geo‹?«, bevor ich mich an die Erfahrung erinnerte, daß meine Texte andere um so mehr überzeugen, je mehr sie mich überzeugen.

Ich habe lange gebraucht, herauszufinden, wann mir meine Wörter nicht gefallen. Unter den Formulierschmerzen hoffe ich mir meine Sätze besser. Ohne es zu merken, mache ich mir das Schreibleben leichter, indem ich von der Qualität meines Textes überzeugt bin. Eine Überzeugung ist eine Wanne, in die läßt man sich gerne sinken. Da hilft auch kein Verstand. Es geht nicht darum, offensichtliche Dummheiten im Text zu erkennen, sondern herauszufinden, ob die geschriebenen Wörter mich, den Autor, festhalten, um die Gründe zu finden, falls sie es nicht tun. Ich kann nicht die Leser, ich sollte mich fragen.

Unterhält man sich über die Wirkung von Texten, neigt man dazu, deren Faszination und Schönheit Wörtern zuzuschreiben. Faszination und Schönheit von Texten entstehen nicht durch Wörter. Sie entstehen durch Übereinstimmung von Wörtern mit Dingen. Sie entstehen, wenn Wörter treffen. In »Katz und Maus« zeigt Günter Grass einen Jungen, der an einem öffentlichen Brunnen mit aufsteigendem Strahl Wasser trinkt. Er schreibt: »Der Wasserstrahl fingert dem Jungen im Mund herum.« Thomas Mann beschreibt in »Herr und Hund«, wie die Hauptfigur auf der Isarwiese eine Maus fängt und verzehrt: »… mit gebeugtem Nacken steht er da und stößt beim Kauen den Kopf vor, indem er den Bissen gleichsam immer von neuem fängt und ihn sich im Maule zurechtwirft.« Die Wörter treffen auf eine Realität und bringen den Leser in Bewegung durch Bilder. Jedes Bild ist ein Wiedererkennen. Bei jedem Wiedererkennen findet man ein Stück von sich selbst. Texte fesseln, indem der Autor dem Leser den Leser zeigt. Die Wörter »fingern« und »zurechtwerfen« bedeuten für sich nichts. Das letzte Ziel allen Schreibens ist, im Leser Bilder entstehen zu machen.

In vielen Fällen ist der Abstand der Wörter von der Realität nicht durch den Verstand festzustellen, wohl aber durch das Gefühl. Gefühl ist die Reaktion auf Wirklichkeit, deren Signale man nur unbewußt wahrnimmt. Das Danebentreffen der Wörter schafft im Autor ein Unbehagen. Das Unbehagen kann stärker oder schwächer sein, es kann überlagert werden von Ängsten und Absichten und dem Autor unzugänglich werden.

Man kann lernen, das Unbehagen bewußt zu machen, das sich einstellt, wenn man am Ende eines Satzes den Punkt setzt. Das Unbehagen ist da, sobald ein Wort sich nicht deckt mit dem, was man durch Erleben kennengelernt hat. Ich verdränge das Unbehagen oft so schnell, daß es für mich nicht vorhanden ist. Ich lasse meinen wichtigsten Richter verschwinden, bevor er geurteilt hat. Er ist immer anwesend und wartet.

Die wenigen, die Schreiben gegen die Lehrpläne lernen, lernen es, indem sie sich beim Lesen beobachten und herausfinden, was Wörter beim Lesen mit ihnen machen. Das könnte unterrichtet werden. Eine Nation, die nicht gelernt hat, zu schreiben und zu lesen, ist nicht bei sich.

Man kann lernen, Intuition einzusetzen wie ein Werkzeug. In einer Reportage für die Zeitschrift »Geo« schrieb ich über mallorquinische Fischer folgende Passage: »Zwanzig Kilometer vor ihrer Grenze beginnt die Stadt um diese Stunde, Transportfahrzeuge mit frischen Lebensmitteln einzuatmen. Wir, der Fisch, überholen Salathügel und Schweine, Eier und Tomaten, Knoblauch- und Zwiebelhalden und werden von Gurken- und Hühnerhaufen überholt. Um halb sechs erreichen wir den Fischerhafen von Palma, gegenüber der Kathedrale. Die Menschen, die sich hier treffen, kennen sich seit Jahren, ich merke es an dem hohen Grad meines Ausgeschlossenseins. Mateo grüßt immer wieder an meinen Augen und Ohren vorbei. Ein lebhafter älterer Herr setzt sich an unseren Tisch, die Fischer und er unterhalten sich auf mallorquin. Der alte Fischhändler unterhält uns alle …« Darauf folgte in der ersten Fassung: »… ab und zu spricht er spanisch, damit ich auch etwas von ihm habe.« Alle Teilnehmer am großen runden Tisch, an dem wir saßen, wußten, meine Mallorquin-Kenntnisse beschränkten sich auf schrullig unterhaltsame Fundstücke, die ich mir gemerkt hatte, um Einheimische mit einigen ihrer Laute zu verblüffen.

Dieser mallorquinische Jude, weit gewandert durch hundert Gen-Stationen von Afrika über das spanische Festland, wechselte vom Mallorquinischen ins Spanische nicht deshalb, damit ich teilhabe an den Handelswegen des balearischen Meeresgetiers, vielmehr damit ich etwas erfahre über ihn. Ich war eine saugende Untiefe des Unverstandes im Kreis seiner Zuhörer, eine Quelle der Unzufriedenheit für ihn, eine Stelle am Tisch, die nicht richtig funktionierte. Ich gab nicht so viel Bewunderung her für seine Einfälle, wie möglich gewesen wäre, hätte ich ihn verstanden. Für den Fischhändler saß ich als ein ungenutzter Mensch herum, solange er mallorquin sprach.

Ich habe meinen Satz »Ab und zu spricht er spanisch, damit ich auch etwas von ihm habe«, immer wieder gelesen, er hat mich nicht befriedigt und ich habe nicht verstanden, was an ihm falsch sein sollte, er klang vernünftig genug. Ich wußte aber, daß ich mich auf das Unbehagen verlassen, kann und versuchte es mit einem Trick. In der Hoffnung, es werde eine Richtigkeit herausfallen, sagte ich das Gegenteil dessen, was ich bis jetzt gesagt hatte – ein Trick, der mir schon bei anderen Gelegenheiten aus einer Denksackgasse geholfen hat. Als ich schrieb: »Ab und zu spricht er spanisch, damit er auch von mir etwas hat«, statt ich von ihm, stellte sich Behagen ein. Jetzt deckten sich die Wörter mit dem, was ich in der Vergangenheit unbewußt erfahren hatte.

Ich schaue in die Tasse vor mir, der Blick in die Tasse ist ein Erlebnis. Es wird von Milliarden von Menschen geteilt. Das menschliche Gehirn besteht aus hundert Milliarden Nervenzellen, jede einzelne von ihnen ist mit zehntausend anderen verbunden. Irgendwo in diesem Kosmos wird das

Erlebnis des Anblicks der Tasse und des Inhalts gespeichert. Alles, was jemals einen unserer Sinne erreicht hat, ist gespeichert worden, die Empfindung von Daumen und Mittelfinger beim Ergreifen einer Büroklammer; das grobe Gewebe eines Aufwischlappens auf den Handballen beim Auswringen; das zischende Rauschen von Gummireifen auf nassem Asphalt; der Geruch, den trockener Majoran freisetzt, wenn man ihn zwischen den Fingern zerreibt; das Gefühl im Mund, wenn er voller Sand ist.

Wie lange Sinneserfahrungen von Nervenzellen aufbewahrt werden, wissen wir nicht. Manches spricht dafür, für immer. Sicher ist, Dauer und Deutlichkeit der Erinnerung hängen von der Stärke ab, mit der uns ein Sinneseindruck berührt, auch davon, wie oft er sich ereignete.

Unser Gehirn vergleicht unsere Formulierung mit den gespeicherten Informationen. Wenn beide übereinstimmen, fühlen wir uns beim Schreiben gut, wenn nicht, entsteht in uns ein Unbehagen. Das Unbehagen ist ein Entfernungsziehen, das um so stärker wird, je weiter Aussage und Erfahrung voneinander abweichen, es ist Sehnsucht nach Richtigkeit, eine Sicherheit, die Konvention nicht bietet.

Der Leser, das bin ich, der Autor. Ich habe durch das Behagen, das die Wörter »... damit er etwas von mir hat« in mir ausgelöst haben, erst erfahren, was ich erlebt hatte. Ich hatte nicht gewußt, was ich erlebt hatte, nur gespürt. Unbewußtes Spüren reicht nicht aus, einen Text herzustellen, der andere erreicht. Schreiben heißt, wissen machen, was man spürt, für sich und die anderen. Man muß sich gegen die Erziehung umerziehen, wir sind abgerichtet, vieles von dem, was wir spüren, zu verdrängen. Damit verdrängen wir Realität. Um herauszufinden, was man fühlt, braucht man ein Spezialtraining. Der Schreibende muß sich darum selbst kümmern. Der sich selbst ausbildende Vereinzelte bildet sich aus zu erfahren, was alle spüren.

Schreiben gehört zu den anstrengendsten Denktaten, auch wenn es mit Lust verbunden ist. In Redaktionen ist Schreiben nur selten lustvoll. Man will die Beschwerden schnell hinter sich bringen. Der Schreibende verliert kreative Kraft durch Angst gerade dann, wenn er sie am dringendsten braucht. Angst macht die Einfälle, die in mir vorhanden sind, unzugänglich. Daß wir die Erkundung unseres Unbehagens für unproduktiv halten, heißt, wir halten uns selbst für unproduktiv. Meine Hauptsorge ist, es könnte zu lange dauern, bis ich die Ursache meines Unbehagens und die Lösung des Problems finde. Den Fehler erkennen und die Lösung finden ist meist derselbe Akt. Die Lösung existiert, weil das Problem da ist. In Kärnten erzählen sich die Leute folgende Legende: Zwei Frauen möchten denselben Mann heiraten. Dem Mann fällt es schwer, sich für eine der beiden zu entscheiden. Er macht seine Wahl abhängig davon, welche von ihnen ein Brett schneller durchbohrt. Die eine dreht ohne Unterbrechung den Bohrer ins Holz, die andere putzt das Loch zwischendurch von den Spänen frei. Sie ist schneller.

Es gibt eine Situation, in der erfahre ich deutlicher als sonst, welcher Satz mir nicht behagt: Ich lese Texte vor Menschen, an deren Anerkennung mir besonders gelegen ist.

Weil ich gerade meinen Feinden imponieren möchte, eignen sich Personen als erziehende Zuhörer am besten, die ich enttäuscht habe, ein Partner zum Beispiel. Oder jemand, der Geld oder andere Vorteile zu vergeben hat. Ich stelle fest, ich lasse beim Vorlesen die eine oder andere Stelle aus oder möchte sie auslassen. Die Regung, eine Passage wegzulassen, ist ein Beweis. Sie bürgt für eine Textschwäche.

Eine Stelle, die man für gut hält, läßt man beim Vorlesen niemals aus. Man würde eher auf die Straße rennen mit dem Blatt Papier und Leute auffordern stehenzubleiben, damit sie sich anhören, was einem eingefallen ist.

Das starke Motiv, meinen Unterhalt als freischaffender Autor zu verdienen, beschleunigte mein Lernen. Wenn ich will, daß ein Redakteur die Buchhaltung bewegt, einen Scheck zu schicken, muß die Geschichte erst mir gefallen. Meine Freude an meinen Wörtern ist ein Maß für deren Qualität. Es gibt kein anderes Maß. Mein Behagen ist Allgemeingut. Der Autor ist der Leser. Was ihn nicht verrückt, verrückt keinen anderen.

Es kommt vor, man irrt sich. Das Behagen streunt, kann auf Wunschdenken beruhen, am nächsten Tag findet man eine Textstelle nicht mehr so bezaubernd. Das sollte man als Ausnahme verstehen, als eine Verirrung. Der Nutzen, der entsteht, daß man sich auf »Intuition« verläßt, ist so groß, daß solcher Irrtum keine Rolle spielt.

Intuition ist züchtbar. Empfindlichkeit beim Beurteilen der Qualität eigener Texte läßt sich steigern. Auf dem Weg, auf dem man sich größere Empfindlichkeit erarbeitet, gibt es ein Hindernis, das größer nicht sein könnte. Es ist der Glaube an das, was die Menschen sich angewöhnt haben, »Talent« zu nennen oder »Begabung«. Dieser Glaube hat Menschen entmutigt, ihre Kräfte zu nutzen. Wir rechnen uns zu denen, die nicht das Glück haben, begabt zu sein. Daran wird sich in den nächsten Jahrzehnten wahrscheinlich einiges ändern. Der Begriff der Begabung wird an Bedeutung verlieren, die Produktionsweise europäischer Zivilisation ist nicht mehr in dem Maße wie in den vergangenen Jahrhunderten angewiesen auf starke Deppen und willige Ausführer. Kreatives Leben führt zu einer gewissen Unabhängigkeit von institutionalisierter Autorität. Unsere Vorgängerherren mußten darauf achten, die Zahl unabhängiger Geister gering zu halten. Die feudale oder frühbürgerliche Gesellschaft konnte sich nicht leisten, daß jeder »begabt« sei. Die Herren unserer Zeit – die Leiter der Weltkonzerne – brauchen mehr kreative Mitarbeiter, um in der Weltkonkurrenz zu bestehen, das alte Maß an Gehorsam ist nicht mehr produktiv genug. Die alte Auffassung von »Begabung« ist zu teuer. Sie wird verschwinden, aus den gleichen Gründen sind die Grenzen der Fürstentümer verschwunden und verschwinden jetzt die Grenzen der Nationalstaaten. Dort, wo die Konkurrenz am schärfsten ist, in der Automobilindustrie, sind die Grafen und Fürsten der Gegenwart dabei, immer mehr Arbeiter von immer weiter unten für immer begabter zu halten – zum Vorteil der Bilanzen.

Menschen, die sich in Redaktionen von Tageszeitungen den Lebensunterhalt verdienen, reden auf sich ein, sie seien keine Schriftsteller. Deshalb sind sie keine. Sie schreiben sich den Magenkrebs an, weil sie nicht der Text sind. Sie sind nicht glücklich mit ihren Wörtern, sie sitzen dem Glauben auf, der Mensch müsse, um schreiben zu können, bei der Geburt Glück gehabt haben. Jeder kann lernen, seine Erfahrungen so zu formulieren, daß jeder Leser sie nacherleben kann.

Nachdem ich Kurzgeschichten mehrere Dutzend Male abgeschrieben hatte, fiel mir auf, ich schleppte unbefriedigende Sätze dreißig- und vierzigmal mit, ohne zu merken, daß sie mir von der ersten Fassung an nicht gefallen hatten. Da ich einmal entschieden hatte, andere mit dem Aneinanderreihen von Wörtern dazu zu bringen, mich zu ernähren, lernte ich, Passagen bringen mich in Schwierigkeiten mit dem Hausbesitzer und dem Lebensmittelhändler, wenn sie mir beim Schreiben keine Freude gemacht haben. Festangestellte Journalisten lernen wenig oder gar nichts über die Wirkung ihrer Wörter, weil sie für ihre Sätze nicht unmittelbar bestraft werden, bestenfalls mittelbar. Holz hat keine Geduld mit der Unfähigkeit des Tischlers. Eine falsche Bewegung mit dem Stemmeisen, und der Tisch ist kein Tisch mehr. Obwohl auch Schreiben ein Handwerk ist, unterscheidet sich die Arbeit mit dem Wörtermaterial von der Arbeit mit Holz oder Metall auf zweierlei Weise. Schadhafte Tische lassen sich kaum verkaufen. Im Wörterhandwerk ist das Verkaufen langweiliger und unverständlicher, das heißt unbrauchbarer Texte die Regel.

Das zweite, worin sich die Arbeit mit Holz, Metall oder Schlachttieren von der Arbeit mit Wörtern unterscheidet: Für die Hersteller von Taschenuhren, Parkettböden oder Leberwurst gibt es eine raffinierte Ausbildungskultur, für Hersteller von Texten gibt es nichts dergleichen. Journalisten haben das Laientum institutionalisiert. Der Stand öffentlich Schreibender besteht zum größten Teil aus Berufslaien.

Das Fernsehprogramm des Bayerischen Rundfunks strahlte eine Sendung aus über den Schriftsteller Carl Amery, die Redaktion nannte den Dargestellten im Untertitel »einen bayerischen Querdenker«. Ich habe das Gespräch mit Sympathie für den Interviewten gehört und gesehen, aber irgend etwas hatte mich am Anfang gestört. Minuten nach der Sendung wußte ich, mich hatte die Vokabel »Querdenker« irritiert. Das Wort »Querdenker« ist ein Pleonasmus, wer denkt, denkt immer quer, anderes Denken ist kein Denken. Hat Sokrates »längs« gedacht? Der so Gelobte kann mit dem Kompliment nicht glücklich sein, betont es doch nicht so sehr das Denken als vielmehr das Quer, das Quer zum Allgemeingültigen. Das Einverständnis des Senders und der Autorin mit Amery wird mit einem brudermörderischen Augenzwinkern gegeben, zumal sie die Gültigkeit seines »Denkens« auch noch relativieren, indem sie durch das Attribut in der Überschrift das Bayerische an ihm hervorheben. Früher als mein Verstand wußte mein Gefühl, daß im Untertitel etwas nicht stimmt. Das Bewußtsein kann durch ein Wort auf Abwege dirigiert werden.

Der Autor des Buches »Der kleine Prinz«, Saint-Exupéry, schrieb: »Man sieht nur mit dem Herzen gut, denn das Wesentliche ist für die Augen unsichtbar.« Man nimmt nicht immer bewußt wahr, was einen von außen erreicht, das meiste verschwindet gleich im Unterbewußten. Es wird Gefühl. Das ist das Hauptproblem aller Schreiberei: Was gefühlt wird, muß umgeglüht werden in bewußt Artikuliertes. Wo das Bewußtsein sich noch bemüht, Fakten zu finden, hat die unbewußte Wahrnehmung schon hundert unerkannte Details registriert. Der Verstand allein reicht nicht zur Wahrnehmung der Realität. Der Autor braucht, um Wirklichkeiten deutlicher zu machen, die Antennen der Empfindung. Das Gefühl ist wie der Kopf ein handwerkliches Erkennungszeug. Kein Verstand kann Erlebtes so genau nachzeichnen wie die Empfindung. Die Empfindung *ist* die Nachzeichnung. Wenn wir sagen: »Mein Gefühl sagt mir ...«, meinen wir dieses Ereignis.

Der Reiz gelungener Beschreibungen liegt darin, daß ein fremder Mensch, der Autor, uns bewußtmacht, was uns einmal unbewußt erreicht hat. Das Bewußtwerden unbewußter Wahrnehmungen hat fast etwas Erotisches, wir genießen diese Umwandlung. Man hat sich mehr, wenn man begreift. »Die abgefallene Blüte fliegt an ihren Ast zurück: Ein Schmetterling.« Der Haiku macht Wörter zum Erlebnis.

Warum sollte ein Text für die Leser interessanter werden, indem der Redakteur seine persönlichen Neigungen darstellt? Der Ausdruck »persönliche Neigungen« erzeugt ein

Mißverständnis. Was man an Neigungen als persönlich bezeichnet, ist meist allgemein. Das Privateste vom Privaten interessiert alle. Es gibt nichts, was einen einzelnen berührt, das nicht die Mehrheit berührte, sogenannte Marotten eingeschlossen.

Je ehrlicher der Journalist mit seinen Gefühlen umgeht, um so höher das allgemeine Wahrheitsniveau. Je offener der öffentlich Schreibende sich zu sich bekennt, um so lügenhafter erscheint politische Lüge.

Das öffentliche Wahrheitsniveau ist deshalb so niedrig, weil der einzelne Autor nicht an seine Wahrnehmungen glaubt. Die Entwicklung demokratischer Publizistik verlangt, daß Autoren im Text ihr Unbehagen und Behagen an den Dingen artikulieren, über die sie berichten. Ihr Unbehagen und Behagen ist das allgemeine Unbehagen und Behagen. Indem der Journalist seine Bedürfnisse öffentlich darstellt, erkennen die Leser, daß sie dieselben Bedürfnisse haben, daß sie in ihren Bedürfnissen nicht isoliert sind. Bedürfnisse, die öffentlich artikuliert werden, erlangen höhere Legitimität. Daß ein Wunsch oder eine Abneigung öffentlich ausgesprochen werden können, entteufelt die Wünsche und Abneigungen. Man kann durch anhaltende Publizität alles legitimieren, selbst Völkermord. Ein Phänomen wie der große Hitlerrausch der Deutschen ist nicht zu erklären ohne Legitimation durch Öffentlichkeit.

Durch öffentliches Aussprechen von Beschwerden, unter denen der einzelne Journalist leidet, werden Beschwerden allgemein bewußt, unter denen die Gesellschaft leidet.

An dieser Stelle dürfte mancher Leser mich so verstehen wollen, ich hielte das Schreiben mit Verstand *und* Gefühl nur bei bestimmten Textgenres für nützlich, für Reportagen und andere literaturnahe Texte; ich könne nicht im Ernst meinen, meine These gelte auch für Meldungen, Nachrichten und Berichte. Es hat wenig Sinn, eine solche Forderung auf Nichtnachrichtentexte zu beschränken. Die großen Reporter haben von jeher verstanden, ihre gefühlsmäßigen Wahrnehmungen in Wörtern auszudrücken – von Dichtern und Schriftstellern nicht zu reden.

Es sind gerade die immer gleichen, zeremoniell heruntergebeteten Nachrichtenformeln, die den Leser mißhandeln und ihn aus dem politischen Geschehen ausschließen. Gerade Nachrichten bedürfen einer individuellen Sprache, um allgemein interessant zu sein.

Nehmen wir als Beispiel den letzten Besuch des französischen Präsidenten Mitterrand in Deutschland. Mir ist kein Nachrichtentext bekannt, in dem der Redakteur etwa gesagt hätte: »Der Präsident wandelte neben dem Bundeskanzler wie ein lebender Leichnam, steif und blaß.« Man könnte einwenden, Pietät verbiete Derartiges. Das mag so sein. Es bedeutet aber, ein größeres Gut gegen ein kleineres Gut aufzugeben. Gewiß, es wäre taktlos, einem Todkranken über die Presse zu sagen: Wir wollen keine sterbenden Staatsgäste im Schloß Gymnich. Der eine oder andere Redakteur einer überregionalen Tageszeitung hätte ihm aber sagen können, etwa: »Armer François, warum tust du dir auf deine letzten Tage noch einen Staatsbesuch an? Das hält ein Gesunder kaum durch. Das Protokoll hat eine

Intensivstation für dich frei geräumt, eine Ärztemannschaft wartet auf deinen Ernstfall. Dein Kommen wäre nicht nötig gewesen, wir hätten uns auch über den Besuch deines Nachfolgers gefreut. Das bißchen, das zwischen Frankreich und Deutschland zu regeln ist, machen ohnehin deine Ministerialbeamten.« Ein anderer Redakteur hätte etwa schreiben können: »Der französische Präsident ist auf Macht und pompöse Auftritte angewiesen wie ein Kind auf sein neues Spielzeug. Er konnte sich bei dem Gang auf dem roten Teppich neben dem Bundeskanzler – der auch nicht gerade gesund aussieht – vor den Soldaten der Bundeswehr kaum aufrecht halten. Die Anstrengung, in die der Mann sich begibt, ist abstoßend und mitleiderregend zugleich, weil sie überflüssig ist. Niemand hat etwas davon, daß er sich das antut.« Schließlich ein dritter Redakteur: »Wir zahlen eine halbe Million Mark dafür, daß ein einzelner sich vergnügt mit einem letzten großen, überflüssigen theatralischen Auftritt, zu dem er kaum noch die Kraft hat.« Es wären Hunderte ähnlicher Texte denkbar. Jeder hat es gesehen, keiner hat es gesagt. Das macht unsere Zeitungen so langweilig, daß Offensichtliches nicht ausgesprochen wird, aus opportunistischen Rücksichten auf Macht.

Die drei Beispiele, die ich konstruiere, geben, nach allem, was ich weiß, den Eindruck wieder, den die Deutschen während des Besuches erlebten. Sie haben in den Nachrichtentexten ihre Eindrücke nicht wiedergefunden, sie haben sich in den öffentlichen Texten nicht wiedererkannt. Ein Wiedererkennen ihrer selbst, eine lebendige öffentliche Sprache ist nur zu erreichen, indem jeder Journalist genau das schreibt, was er empfindet. Das würde dazu führen, daß wir – statt mit demselben Agenturbrei in allen Blättern vorlieb nehmen zu müssen – uns täglich über Dutzende verschiedener Ansichten in der Wirklichkeit orientieren könnten. Ansichten haben immer Gründe, die Gründe sind unser Leben.

Es gibt wenige öffentlich inszenierte Vorgänge, die so langweilig sind wie ein Staatsbesuch. Ein Staatsbegräbnis bietet mehr an Unterhaltung, allein durch die kunstvollen Anstrengungen redender Heucheltrauerer und Nachfolgeprofiteure; es ist ein Genuß zu beobachten, wie sich die biologischen Sieger in Plastikzerknirschung üben; schön anzusehen auch die Trauerkleider der Frauen, die großen Hüte. Die älteren Westdeutschen erlebten einen Höhepunkt der staatlichen Leichenfestivalkultur, als Adenauer gestorben war, das Fernsehen ließ uns jeden Wellenschlag mitzittern, den die Fähre erlitt, die mit dem Toten den Rhein überquerte. Wir waren dankbar, daß uns die herumorganisierenden Staatsdiener Ergriffenheit bescherten, sie ließen sich manche Einzelheit einfallen, um uns einzubeziehen in eine Sache, die uns nichts anging. So hatten wir vom Staat wenigstens Theater. Tief drinnen spürte ich Genugtuung, Gott sei Dank, der Alte ist weg, seine Unverschämtheiten und Tricks hatten ihm nichts genützt, auch *er* hatte sterben müssen. Das schaffte Ruhe, schaffte Gewißheit, daß diese Leute, die immer noch nachwachsenden, aber wohl nicht für alle Zeit nachwachsenden, besessen, Macht zu erringen, und überzeugt, wir könnten nicht richtig leben, wenn sie unser Leben nicht regeln, diese partiell Irrsinnigen, Spießer und Einfaltspinsel des Savoir-vivre, die Dummköpfe der Liebe, Spesen-Gullies, professionell Verdutzten, daß sie wenigstens der Tod einmal zum Halten zwinge, zumal, da es auf Staatskosten so aufwendig bestätigt wurde. Das Staatsbegräbnis verschafft eine vorübergehende Sättigung des Todeswunsches gegenüber denjenigen, die es verstanden haben, so gut zu leben von unserem historisch lange vorbereiteten Eingeschüchtertsein. Anders als einem Staatsbegräbnis fehlt einem Staatsbesuch der inszenatorische Witz. Es gibt nichts zu kosten, ihm mangelt das heuchlerische Fett. Das surrealistische Spektakel wird in seiner Mitteilungsdürre nur von Fernsehjournalisten unterboten, die Ministerlimousinen vorzeigen, die am Amt des Bundeskanzlers ankommen. Mit dem Fotografieren regierungstreuer Heckleuchten zeigen die Informierer, wer informiert.

Wirklichkeit artikuliert sich genauer über Empfindungen als über den Verstand. Es stiftet Demokratie, wenn der Redakteur lernt, an seinen Gefühlen entlangzuschreiben. Die Seiten der Tageszeitungen sollten überzogen sein von leidenschaftlichen Bekenntnissen – nicht Kommentaren – der Redakteure. Anders können die Leser nicht erkennen, was ihnen geschieht.

Eine ihm fremde Auffassung hat den Redakteur einer »AZ«-Ausgabe an einem 14. Dezember verführt: »Wetter bremst Geschäft – Preise schon im Keller.« Als könne er daran interessiert sein, daß die Preise steigen.

Nur völliges Einigsein mit sich selbst schafft Überzeugungswucht. »In jedem Menschen ist etwas von allen Menschen« (Lichtenberg). In einem Zeitungsinterview erzählte der Dirigent Sergiu Celibidache: »In Amsterdam spielten wir zweimal Bruckner, und beim letzten Konzert kam ein alter Mann aus dem Concert Gebouw Orchester und sagte: ›So ist das, Meister.‹ Nicht, das ist schön, sondern in dieser abstrakten und konkreten Seinsform: So ist das. Das ist das schönste Kompliment, das man machen kann. Und das sagt ein Mann, der wahrscheinlich dreißig Jahre selbst gesucht und nicht gefunden hat.« Einer wie Celibidache entläßt die Musik nicht, bevor er nicht einig ist mit sich selbst.

Schreiben lernt man nicht, indem man nur Regeln befolgt.

Eine Rede ist keine Schreibe

Die Überzeugungsgewalt der Gewohnheit addiert sich über Generationen. Der Mensch ist noch nicht bei Bewußtsein, da prasseln die plattesten Phrasen seiner Mutter und ihrer Umgebung auf ihn ein. Während sich die hundert Milliarden Nervenzellen des Gehirns vernetzen, stricken sie die Sprachmuster in ihr Geflecht, formen Klischees und abgegriffene Wendungen, aus denen die Alltagssprache besteht, zu Eiweißbausteinen.

Das wäre nicht schlimm – die Menschen verständigen sich ausreichend damit –, wenn wir nicht meinten, wir müßten Texte machen. Wird der Embryo Redakteur, hat er schwer zu tragen an dem Mißverständnis, gesprochene Sätze seien dasselbe wie geschriebene. Es ist möglich, Baumstümpfe als Stühle zu verwenden, aber nicht befriedigend. Stühle wachsen nicht im Wald, Texte entstehen nicht beim Sprechen. Die Anziehungskraft von Texten wird hergestellt, sie fällt nicht an. Gefällt uns das fertige Werkstück, dann wegen der präzisen Arbeit des Fachmanns.

Schreibende halten Wörter und Satzformen für gut, weil sie an ihnen hängen. Sie fühlen sich in ihnen zu Hause. Das mißverstehen sie als Beweis für Qualität. Man kann an einem verrosteten Blecheimer hängen, weil ihn der Ururgroßvater von der Haushälterin Beethovens geschenkt bekommen hat. Anhänglichkeit ist das Gegenteil von handwerklicher Gestaltungssouveränität. Statt Wörter bewußt zu setzen, richten sich Schreibende leicht in ihnen ein. Das Hängen an Wörtern ist Laienseligkeit, ein Teil des Verlangens, in den Mutterleib zurückzukriechen, wo es warm und sicher war. Solches Verlangen wird verstärkt durch die natürliche Trägheit in uns. Schreibende halten eine Aussage für richtig, weil sie nicht gegen die Konvention verstößt. Sie halten das Erwartete für gelungen, das, was nicht gestaltet ist.

Es gibt Konvention und Altbewährtes. Beides wird leicht verwechselt. Das Altbewährte unterscheidet sich von der Konvention, der »Übereinkunft« dadurch, daß man sich über Altbewährtes nicht zu einigen braucht. Es ist keine Konvention, wenn ich meine Mutter nicht totschlage oder einem LKW auf der Landstraße ausweiche. Das Altbewährte ist das unmittelbar Nützliche, über dessen Nützlichkeit braucht nicht diskutiert zu werden, um Übereinkunft zu erreichen. Wer gewohnte Wendungen weiterhin gebrauchen will, sollte prüfen, halten sie Leser fest oder »konvenieren« sie.

Anders als bei gesprochenen Sätzen ist Präzision im Umgang mit der Aufmerksamkeitsenergie des Lesers das wichtigste. Jede Silbe, die den Leser für sein Geschenk an Aufmerksamkeit nicht belohnt, ist ein Schreibfehler. Unaufmerksamkeit des Autors beantwortet der Leser mit größerer Unaufmerksamkeit. Es gibt im Handwerklichen keine kleinen oder großen Fehler. Die Chinesen ließen den Lack ihrer Schatullen in Booten auf dem Meer trocknen, damit kein Staubkörnchen den Glanz unterbreche. Stradivari verwendete Holz, das bei einem bestimmten Mondstand geschlagen worden war, Bäume enthalten je nach Mondstand weniger Saft oder mehr. Das schmackhafteste Gericht wird durch eine »Winzigkeit« an Salz verdorben. Vier, fünf tote Silben nehmen einer Seite den Glanz der Vollkommenheit. Ein Handwerker ist ein Perfektionist oder er ist zweitklassig.

Während meiner Lehrarbeit lernte ich, je schwächer ein Text, um so starrköpfiger der Autor gegenüber Kritik, ein Umstand, der nicht zu verwundern braucht, das eine bedingt das andere. Weil er keine Kritik verträgt, ist er verurteilt, »Unterstützung« zu schreiben statt »Hilfe«, »im Anschluß an die Reise« statt »nach der Reise«. Die Anstrengungen, die er zu seinem Schutz vor Kritik auf sich nimmt, kosten ihn vermutlich mehr Kraft, als er verbrauchen würde, wenn er seine Anstrengungen darauf richtete herauszufinden, wodurch ein Text einmal stärker ankommt, einmal schwächer.

Wer handwerkliche Sicherheit nicht ausreichend erworben hat, widersetzt sich der Forderung, dem Leser pro Quadratzentimeter Buchstaben mehr Erlebnisse zu bieten, gerne mit dem Einwand, man müsse den Leser auch einmal ausruhen lassen. Andauernde Dichte überfordere ihn. Ebensogut könnte man verlangen, ein Wirt solle den Gast zwingen, guten Wein mit Wasser zu verdünnen, anstatt dem Gast zu überlassen, wann er den Wein mit Wasser unterbreche. Der Leser ist nicht darauf angewiesen, daß der Autor ihm die »Erholungspausen« vorschreibe. Er kann die Lektüre unterbrechen, wann immer ihm danach ist.

Wahr ist, andauernde Dichte sind viele Leser nicht mehr gewöhnt. Ein Text von der handwerklichen Gediegenheit Kafkas oder Hemingways auf der Seite eins einer Tageszeitung würde ihn überraschen. Ich habe zwanzig Jahre keinen Käse gegessen, weil ich im Gurktal in Kärnten als Kind zwei Jahre lang übersäuerten Quark zu essen bekommen hatte. Meine Pflegemutter ließ einen rot emaillierten Fünfzehn-Liter-Topf voller Milch unserer Kühe tagelang auf der warmen Herdplatte stehen, auch noch, nachdem sich die Milch getrennt hatte in Quark und Molke. Den rauch-, most- und obstlerstrapzierten Raspelzungen der Erwachsenen schien der weiße Flockenmatsch in den »Kasnudeln« zu behagen. Mir krallte sich das selbsterzeugte Nahrungsmittel mit feinen Nadeln in die Zunge. Als meine Lebensumstände mir erlaubten, Speisen abzulehnen, habe ich über mein dreißigstes Jahr hinaus jeden Käse gemieden. Eines Tages brachte mich eine Freundin dazu, ihr den Gefallen zu tun und die Käsephobie einmal zu überwinden. Was ich kostete, war der Beginn meiner Käsewende. Ähnlich könnte es einem Leser ergehen, der eines Morgens seine abonnierte Zeitung aus dem Briefkasten holte und auf lauter Sätze träfe, in denen sich ein Zeitwort mit nicht mehr als mit zwei Hauptwörtern herumschlagen muß. Eine Weile noch würde er nach dem abgeschriebenen Parteienjargon zwar nicht verlangen, aber dauernd darauf gefaßt sein – wie meine Zunge auf die Säure –, daß er wieder über die großen Seiten schießt und die Welt zur Unkenntlichkeit entstellt.

Erst erziehen die Redakteure Leser zu oberflächlichem Lesen, dann rechtfertigen sie ihre Nachlässigkeit damit, auf oberflächliche Leser hin schreiben zu müssen. Erwartungshaltung verändert den anderen. Wir können Leser intelligenter machen, indem wir ihnen mehr Intelligenz abverlangen. Der Harvard-Psychologe Robert Rosenthal machte mit seinen Kollegen in San Francisco einen Versuch, in welchem er zeigen wollte, daß man durch entsprechende Erwartungshaltung »intellektuelle Wachstumsschübe« auslösen könne. Er trennte willkürlich eine Gruppe von Ratten standardisierter Laborzüchtung in zwei Gruppen in »schlaue« und in »dumme«. Die für schlau angesehenen benahmen sich intelligenter als die für dumm angesehenen. Die Autorenerwartung, der Leser sei dümmer als er, der Autor, schafft anspruchslosere Leser.

Ein Verleger fragte mich vor Jahren, ob ich Lust hätte, ein Buch zu schreiben mit Geschichten aus meiner Kindheit. Ich hatte Lust, mir fehlte Zeit, ich hatte Schulden. Er machte einen listigen Vorschlag. Eine gemeinsame Freundin mit einer Villa am Starnberger See war gerade für mehrere Tage verreist. Wir setzten uns mit einem Kassettenrecorder zu dritt in die Wohnhalle. Ich erzählte drei Tage lang, ein Kollege wechselte vergnügt die Bänder. Ich genoß die Veranstaltung und erwartete, auf leichte Art ein neues Buch zu produzieren. Der Verleger wollte die Bänder abschreiben lassen, ich sollte die Seiten korrigieren. Ich bekam die ersten zwanzig Seiten nach einigen Tagen, las zwei Seiten und ließ die Blätter in den Papierkorb fallen. Was wir für eine schnelle Art gehalten hatten, brauchbaren Text herzustellen, war beendet. Auf dem Papier war nichts mehr zu finden gewesen von dem Sprechwörtersekt, der uns angeregt hatte drei Tage lang. Von der euphorischen Erzählrunde waren Buchstaben übriggeblieben.

Im gesprochenen Text gibt es außersprachliche Dinge, die faszinieren und im gedruckten Text nicht herzustellen sind: Körpersprache, Mienenspiel, Tonfall. Mehr noch. Die Erwartung, die man jemandem entgegenbringt, den man als witzig, originell, gescheit und erfahren kennt, verstärkt allein den Reiz dessen, was er erzählt. Man kann sich mehr Aufmerksamkeit sichern, indem man die Brauen hebt, einen gemeinsamen Bekannten so nachahmt, daß der Gesprächspartner ihn wiedererkennt. Beim Lesen entfällt all der Zauber, den eine Person, während sie erzählt, auszuüben vermag. Begehren wir einen Menschen, mag das, was er sagt, uns intelligenter erscheinen, als es sonst der Fall wäre.

Will man Menschen mit nichts anderem festhalten als mit Buchstaben, gelten Berechnungen anderer Art. Wer in einem Gespräch zuhört, ist Mittäter. Im günstigsten Fall freut er sich über die Einfälle des Erzählers und genießt das Zeigen seiner Freude; im ungünstigeren Fall versucht er, der Langeweile zu entgehen, indem er den Gesprächspartner animiert oder sich ihm als Erzähler aufdrängt. Er ist

Mittäter allein dadurch, daß es ihn als Zuhörer gibt, gleichgültig, ob er sich langweilt, sich freut, animiert oder redet. Der Redende wird sich immer am Zuhörer orientieren, insofern gestaltet der Zuhörer die Rede mit.

Der Zuhörer läßt sich durch Wörter wie »hinreißend«, »toll«, »unerhört« oft kumpaneihaft mitreißen, selbst Außerordentliches zu finden an dem, was ihm sein Gegenüber erzählt. Das ist sein Interesse. Je mehr Vergnügen er zeigt, um so mehr wird der andere Vergnügliches zu produzieren suchen. Ein Leser hat solchen Einfluß nicht, mit dem er sich zur Not selbst unterhalten kann. Noch das banalste Gespräch ist Ereignis, eine Abfolge von Geschehnissen, die mich mitnehmen von Sinneseindruck zu Sinneseindruck, ein Theaterstück, in dem ich mitspiele.

Der Zuhörende ist an der Herstellung von Beteuerungen beteiligt, der Lesende ist Beteuerungen ausgeliefert. Niemand kann mich zwingen, mich von gedruckten Wörtern schlecht behandeln zu lassen. Um einen Kollegen zu zitieren: Der Leser hat die Hoheit des Umblätterns.

Es gibt keine gute erste Fassung oder Woher kommt die Gewalt der Wörter?

Der Autor ist der Gefangene der Wörter, er hat einen Preis zu bezahlen für die Freiheit der eigenen Stimme. Das Schwungrad der Konvention ist schneller als der kontrollierende Eingriff.

Manches Wort schleift uns hinter sich her. Wir werden beim Wahrnehmen der Welt auch von Wörtern gesteuert, deren Glaubwürdigkeit tiefer in uns wurzelt, als unser Bewußtsein reicht. Wir erleben das Wort »Apfel«, während uns die Mutter den Apfel hinhält. Glaubwürdiger geht es nicht. Bevor wir halbwegs sprechen können, können wir vertrauensselig hören. Mit den ersten Erlebnissen erfahren wir die Wörter, als hätte der Apfel das Wort »Apfel« geboren, wie eine Kopie seiner selbst, um sich uns mitzuteilen. Ein großer Teil der Wörter taucht während unserer ersten Lebensmonate und -jahre zugleich mit den Dingen auf. Die Wörter werden für uns zu Beweisen, daß es die Dinge gibt. Damit werden sie selbst Wirklichkeit. Schließlich neigen wir dazu zu glauben, es gebe die Sache, *weil* es die Wörter gibt. Von der Gewalt dieser früh in uns eingegrabenen Glaubwürdigkeit der Wörter können wir uns im späteren Leben immer nur vorübergehend befreien. Wenn ich nicht nachdenke, schreibe ich zum Beispiel: »Die schönen gotischen Paläste«; bin ich mir bewußt, daß alte Gewohnheit fortwährend mitformuliert, schreibe ich: »Die gotischen Paläste«. Mit dem Eigenschaftswort »schön« mache ich mehrere Fehler auf einmal. Ich werte, kommentiere, beteure und halte den Erlebnisbetrieb des Lesens auf. Der Leser muß sich durch die Nullmitteilung lesen, bevor er Bilder von Gotik in sich entstehen lassen und genießen kann.

Nach dem Herzschlag der Mutter sind es die Mutterwörter, die dem Säugling Geräuscheheimat bereiten. Das hat Folgen für unsere Wahrnehmung. Was während der ersten Monate, in denen wir Sprache erleben, mit uns geschieht, gleicht dem Vorgang, den man in der Verhaltensforschung als »Prägung« bezeichnet. Wie das Gänseküken dem ersten Lebewesen, dem es beim Schlüpfen begegnet, folgen muß, als wäre es die Mutter, sind wir unser Leben lang bestimmten Formulierungen verfallen. Beim Schreiben stellen sich zuerst die früh gespeicherten Formen ein und damit früh gespeicherte Denkmuster und Vorurteile. Konventionen sprachlichen Ausdrucks behindern unsere Denk- und Formulierungsfähigkeit. Die Tatsache, daß die Wörter, die wir in unserem Leben am häufigsten gebraucht haben, dauernd dazwischenschnattern, während wir zu formulieren versuchen, verbirgt uns unsere Wahrnehmungen. Goethe läßt Mephisto im »Faust« sagen: »Denn eben wo Begriffe fehlen, da stellt ein Wort zur rechten Zeit sich ein.« Er hätte auch sagen können: »... da drängt ein Wort zur rechten Zeit sich auf.«

Viktor Klemperer untersuchte in seinem Sprach-Tagebuch »Die Sprache des Dritten Reiches« (»Lingua Tertii Imperii« – »LTI«), wie sich Wörter vor die Wirklichkeit stellen können: »Was war das stärkste Propagandamittel der Hitlerei? Waren es Hitlers und Goebbels' Einzelreden, ihre Ausführungen zu dem und jenem Gegenstand, ihre Hetze gegen das Judentum, gegen den Bolschewismus?

Fraglos nicht, denn vieles blieb von der Masse unverstanden oder langweilte sie in seinen ewigen Wiederholungen. ... Nein, die stärkste Wirkung wurde nicht durch Einzelreden ausgeübt, auch nicht durch Artikel oder Flugblätter, durch Plakate oder Fahnen, sie wurde durch nichts erzielt, was man mit bewußtem Denken oder bewußtem Fühlen in sich aufnehmen mußte. Sondern der Nazismus glitt in

Fleisch und Blut der Menge über durch die Einzelworte, die Redewendungen, die Satzformen, die er ihr in millionenfachen Wiederholungen aufzwang und die mechanisch und unbewußt übernommen wurden. Man pflegt das Schiller-Distichon von der ›gebildeten Sprache, die für dich dichtet und denkt‹, rein ästhetisch und sozusagen harmlos aufzufassen. Ein gelungener Vers in einer ›gebildeten Sprache‹ beweist noch nichts für die dichterische Kraft seines Finders; es ist nicht allzu schwer, sich in einer hochkultivierten Sprache das Air eines Dichters und Denkers zu geben ... Sprache dichtet und denkt nicht nur für mich, sie lenkt auch mein Gefühl, sie steuert mein ganzes seelisches Wesen, je selbstverständlicher, je unbewußter ich mich ihr überlasse. Und wenn nun die gebildete Sprache aus giftigen Elementen gebildet oder zur Trägerin von Giftstoffen gemacht worden ist? Worte können sein wie winzige Arsendosen: sie werden unbemerkt verschluckt, sie scheinen keine Wirkung zu tun, und nach einiger Zeit ist die Giftwirkung doch da.« – »Wenn einer lange genug für heldisch und tugendhaft: fanatisch sagt, glaubt er schließlich wirklich, ein Fanatiker sei ein tugendhafter Held, und ohne Fanatismus könne man kein Held sein.«

Über Spontaneität

Spontanes Formulieren ist selten mehr als bewußtloses Formulieren. Was uns in den Momenten des bewußtlosen Schreibens entschlüpft, ist konventionelles Wörtermaterial. Spontaneität ist kein Wert, sie ist die höchste Geschwindigkeit, mit der man sich eine Befriedigung verschafft. Was sich am schnellsten einstellt, ist das Gewohnte, Formulierungen und Vokabeln, die jeder gebraucht.

Weil eine spontane Reaktion nicht kalkuliert ist, gilt sie für ehrlich. Ehrlichkeit ist keine handwerkliche Qualität. Der verlogenste Schneider kann einen hervorragenden Anzug nähen. Extrem verkürzte Zeit beim Reagieren bietet eine gewisse Gewähr, daß der Reagierer sich für täuschende Berechnungen nicht genug Zeit hat nehmen können, daß er »ehrlich« war. Das ist kein Beweis, daß sein Motiv und sein Text für andere etwas taugen. Man kann ehrlich und spontan nach dem Tod seines Ehepartners verlangen.

Was Ehrlichkeit beim Schreiben betrifft, so ist sie schwer herzustellen. Es gibt nichts Verlogeneres als das spontan Geschriebene, weil es von der ganzen Gesellschaft mitgelogen wird. Wenn es um Geschriebenes geht, gibt es für Gefühle keinen kürzeren Kanal als konventionelle Sprache – man könnte auch sagen »Sprüche«. Konventionelle Ausdrucksweise neigt zu größerer Abstraktheit. Wenn tausend Menschen einem anderen sagen: »Ich liebe dich«, meinen nicht zwei von ihnen dasselbe. Es sind die Einzelheiten, die Konvention aufbrechen und Authentizität vermitteln, das heißt »Ehrlichkeit«.

Es ist nicht leicht, ehrlich zu schreiben, bevor man versteht, was man fühlt; bevor man versteht, was man erlebt. Das Verstehen braucht mehr Zeit als spontanes Artikulieren. Wo spontanes Erklären mehr ist als die Technik, sich in einen Rausch zu steigern, mag es ehrlich sein, von Leidenschaft vibrieren, und verbunden sein mit Versprechen, die mit Vergnügen eingehalten werden – als Text hat es keinen höheren Wert als ein Stoppschild.

Die Echtheit des Gefühls, seine Unmißverständlichkeit für einen selbst werden leicht verwechselt mit der Qualität des sprachlichen Ausdrucks. Der Kredit, den Gefühle wegen ihrer Aufrichtigkeit genießen, wird von Autoren oft den Wörtern zugeschrieben, mit denen sie Gefühle ausdrükken. Es liegt nahe, daß ein Autor auf die Hoffnung zurückgreift, im Leser könnten durch das Herzeigen alter Wortformeln die Gefühle wachgerufen werden, die der Autor zu wecken wünscht. Nicht nur Konvention, auch Hoffnung ist der Tod von Texten.

Man hat das Verb »lieben« bei aufgeklebten Bekenntnissen an Autos durch ein rotes Herz, ein Piktogramm, ersetzt. Es heißt, zum Beispiel, »I ♥ Düsseldorf« oder »I ♥ Wurstsuppe«. Diese Spontaneität kann man in Schreibwarengeschäften kaufen. Die Autoren der Bildkürzel reduzieren das Mitteilungsmaterial zu einem Minimum, das nur noch akustisch unterboten werden kann: durch einen Seufzer oder einen Aufschrei. Ein Aufschrei ist die spontanste und konventionellste Form der Mitteilung. Er hat mit Sprache zu tun. Text ist er nicht.

Anmerkungen zum Stil

Es gibt seit 240 Jahren ein französisches Buch mit dem Titel »Diskurs über den Stil«, geschrieben von dem Naturforscher Georges-Louis Leclerc Graf von Buffon. Der Graf hat einen Satz in die Welt gesetzt – außer einer 40- bis 50bändigen Naturgeschichte –, der so berühmt wurde, daß ihn mehr Menschen nicht verstehen, als das bei anderen berühmten Sätzen der Fall ist: »Der Stil, das ist der Mensch selbst« (»Le style c'est l'homme même«). Ich bin dem Satz begegnet als Zwanzigjähriger, während ich mich mühte, Schopenhauers Werk »Die Welt als Wille und Vorstellung« zu begreifen gegen den Willen des Autors, der mir in einem Vorwort abriet, ihn zu lesen; er verlangte von mir, einige Jahre später wiederzukommen, nachdem ich »Die Kritik der reinen Vernunft« von Kant verstanden hätte, was nicht möglich sei, wenn ich nicht vorher die Schriften Platons gelesen und verstanden hätte; er machte noch die Lektüre einiger anderer Philosophen zur Bedingung. Obwohl ich Platon gelesen und Kant nicht verstanden hatte, wollte ich auf Schopenhauer nicht verzichten. Mich reizte, daß ich als ehemaliger Hirtenjunge und Absolvent der Zweiklassenschule von Altenmarkt im Kärntner Gurktal viele seiner Sätze verstand.

Schopenhauer hat gerne geschrieben über das Schreiben. Wahrscheinlich hat er geglaubt, der Satz: »Der Stil ist der Mensch« erkläre sich selbst. Mir erklärte er sich lange nicht. Ich war eingeklickt in die landläufige Auffassung, Stil sei das Ergebnis von Absicht oder Absichten. Der »Stil« eines Bildes oder Textes entstehe nach einem Plan des Herstellers.

Wer glaubt, was Stil genannt wird, könne beabsichtigt sein und erfunden werden, reduziert Stil auf das Ereignis eines Einfalls und auf dessen Ausarbeitung. Die Auffassung, Stil sei willkürlich zu erzeugen, könnte weder die Bilder von

Van Gogh erklären noch die lang anhaltenden Wörterböen William Faulkners; noch Weltbauerscheinungen wie Romanik oder Gotik. Beide, die individuellen Form-Neuerungen und die kollektiven, sind Reaktionen auf das Heranwachsen neuer Bedürfnisse oder Nöte. Stil wird nicht gemacht, er ergibt sich. Er wird hervorgestreichelt, hervorgeknetet, hervorgequetscht von Menschen, die unter allen möglichen Wünschen leiden, Bedürfnissen, Nöten und formalen Sackgassen, nur nicht unter der Absicht, Stil zu produzieren. Er fällt heraus, während man sich um Dinge kümmert, die mit Stil nichts zu tun haben. Sowohl das Individuum wie die Gemeinschaft finden Erleichterung und Befriedigung, indem sie Lösungen für bestimmte Arten von Problemen hervorbringen, die wir dann »Stil« nennen. Der Stil befreit sie zu sich selbst. Stil ist immer die Antwort auf einen Druck. Zum Stil hat man keine Wahl. Für die Christen, die politische Macht gewonnen haben, ist es ein Triumph, ihre Anbetungsstätten hinauswachsen zu lassen über die wuchtigen, breit sitzenden Hüften romanischer Bauweise und sie als Dome und Kathedralen immer höher hinaufzukristallisieren in die Wolken.

Wir sprechen vom romanischen Baustil und vom gotischen. Für Menschen, die nicht vertraut sind mit den Gründen, die zum Übergang geführt haben, klingt das, als hätte ein Kardinal im Vatikan, zuständig für Kirchenarchitektur, eines Tages in der Mitte des 12. Jahrhunderts gesagt: »Jetzt stehen genug romanische Basiliken in Europa herum. Wir gehen über zur gotischen Stilepoche. Ab morgen werden gotische Dome gebaut.« So stellt es das »Magazin für Denkmalkultur in Deutschland« (»Monumente«) dar, das einen

Artikel über die Gotik einleitet mit der Bemerkung, der Abt des königlichen Klosters St. Denis in der Île de France, Suger, habe »uns die Gotik geschenkt«; oder wie das Magazin der »SZ«, das einen Artikel betitelt mit: »Die Erfindung der Gotik«. Oder als hätte Van Gogh im Frühling 1888 im »gelben Haus« im südfranzösischen Arles sich gesagt: »Wenn ich berühmt werden will, muß ich einen anderen Malstil einführen. Ich werde mit breiteren und kürzeren Pinselstrichen malen und unvermischten Farben, mit starken Kontrasten und viel Blau und viel Gelb. Das hat noch keiner gemacht. Den verweichlichten Impressionisten werde ich es zeigen!« Richtig ist, so wie er hatte es noch keiner gemacht. Warum nicht? Van Gogh schlägt mit Blau, Gelb und Rot und mit breiten, kurzen Pinselstrichen zurück gegen ein soziales Umfeld, das ihm Einverstandensein aufzwingen will mit Verhältnissen, mit denen er nicht einverstanden sein kann. Mit seinen Pinselstrichen fühlte er das Leben nicht so unerträglich, seine Borstenhiebe paßten immer genauer zu seiner Verfassung. Mit ihnen konnte er dieses »Leben im falschen« länger ertragen als ohne sie.

Die gotischen Werkmeister – in einer Person Steinmetz, Bildhauer, Polier, Maurer, Zimmermann, Architekt, Statiker, Verwalter und Geldbeschaffer, oft auch Maler – entmaterialisierten die Wände ihrer Kirchenschiffe, dünnten sie aus zum Blatt, mit den Rippen der Kreuzgewölbe als Rispen. Die Meister der Kathedrale von Palma de Mallorca schufen den größten umbauten Raum, der je mit gleicher Baustoffmenge geschaffen wurde. Das romanische Gewölbe ruhte auf Mauermassen, wollte man höher bauen, brauchte man noch dickere Wände. Durch die romanische Wand läßt sich nicht soviel Licht ins Kirchenschiff fluten. Das Gewicht der gotischen Konstruktion wird nicht auf die Mauern geleitet, vielmehr zu vier Eckpunkten; dort nehmen es Strebepfeiler außerhalb des Schiffes auf. Mit Kreuzrippen, Spitzbogen und Strebewerk können die Bauleute die Wand zum Teil auflösen und große Glasflächen hineinstellen. Sie nutzen die stockwerkhohen Glasfelder zu leuchtenden Bildern, in welchen sie die Figuren verherrlichen, die ihre Metaphysik bevölkern. Die Protagonisten der Stilereignisse dachten nicht an Stil, mit der Vorstellung einer stilistischen Absicht wußte man damals nichts anzufangen, man könnte einen amüsanten Dialog erfinden, in dem ein Kunstgeschichtler der Gegenwart versucht, einem Baumeister des Mittelalters zu erklären, was das ist, eine stilistische Absicht. Den Handwerkern und Künstlern und dem – Material und Lebensmittel herbeischleppenden – Volk kam es darauf an, dem Leben den Sinn zu geben, nach dem sie in ihrem Glauben verlangten, einen Sinn, der das Leben absolut beherrschte und das, was sie das Leben danach nannten. Das mußten sie auch durch die Höhe der Häuser zeigen, in welchen sie den Sinn feierten. Anders sind die symphonischen Gebirge an Kunstfertigkeit und Ingenieurserfindungen, übersät mit Siedlern aus Stein, wie die Kathedrale von Chartres, der Kölner Dom oder der Dom von Mailand, nicht zu erklären, als mit einem Glauben, den Völker für das Leben hielten.

Der Glaube verlangt nach neuer Statik. In dem Maße, in dem die Macht der Kirche wächst, wächst die Zahl der Höhenmeter der Kathedralen und wird das Innere heller. Damit sie wachsen können, müssen die Baumeister genauer rechnen. Die Himmelssehnsucht saugt aus den Baumeistern die höhere Rechenkunst heraus. Ein Nebenaspekt, der der Kirche später zu schaffen machen wird, ist, daß die Rechnerei die Kirche allmählich abschafft.

Das Motiv, einer Kirche einmal eine andere Form zu geben, holt aus Volksmassen nicht die Energie, nicht den Reichtum an Einfällen, die aufgetürmt wurden in den gotischen Steinhymnen zur Ehre Gottes – ohne Maschinen und mit einem Bruchteil der Einwohnerzahlen von heute. Man sieht das an den erbärmlich hervorexperimentierten Kirchlein, die in unseren Städten nach dem Krieg entstanden sind, bei denen der Haupteinfall von Architekten darin gipfelte, den Turm in der Nähe des Schiffes herumstehen zu lassen.

Es gibt Berichte aus dem zwölften Jahrhundert, die davon erzählen, wie sich die Menschen mit der Baustelle identifizierten: »In diesem Jahre zum ersten Mal sah man zu Chartres die Gläubigen sich vor Karren spannen, die mit Steinen, Holz, Getreide und wessen man sonst bei den Arbeiten an der Kathedrale bedurfte beladen waren. Wie durch Zaubermacht wuchsen die Türme in die Höhe. So geschah es nicht nur hier, sondern fast allenthalben in Francien und der Normandie und andernorts.« Ein anderer Autor: »Wer hat jemals etwas Ähnliches gesehen und gehört, daß mächtige Herren und Fürsten der Welt, aufgebläht von Reichtum und Ehren, daß selbst Frauen von edler Geburt ihre stolzen Häupter gebeugt und gleich Zugtieren sich an Karren gespannt haben, um Wein, Getreide, Öl, Kalk, Steine, Holz den Werkleuten einer Kirche zuzuführen? Und ob viel mehr als tausend Köpfe zusammen sind, herrscht doch tiefes Schweigen, man hört kein Wort, nicht einmal ein Flüstern. ... Gott der Herr scheint sie selbst anzuführen. ... Sind die Pilger bei der Kirche angelangt, bei deren Bau sie helfen wollen, so machen sie eine Wagenburg und wachen die ganze Nacht ...« (Zitiert nach Hans Jantzen, Kunst der Gotik, Berlin 1987)

Solche Berichte erinnern an die wilde Energie, von der die Franzosen während der Großen Revolution beseelt waren. Man erzählt von adligen Damen, die sich bei der Herstellung von Pulver nützlich machten, indem sie auf Schubkarren Salpeter herbeikarrten. Als ausländische Heere den französischen Absolutismus in seine alten Rechte zurückschießen wollten, strömten die Franzosen zu Armeen zusammen. Jules Michelet (1798–1874) schrieb in seinem siebenbändigen Klassiker über die Revolution zur allgemeinen Stimmung der Franzosen in dieser Zeit: »Frankreich war zerrüttet, fast zersetzt, betrogen, ausgeliefert und verkauft. Und gerade in diesem Zustand, da es die Hand des Todes auf sich lasten fühlte, brachte es durch eine heftige und furchtbare Kontraktion aus sich selbst eine unerwartete Macht hervor, ließ eine Flamme von sich ausgehen, wie die Welt sie nie gesehen, wurde wie ein Vulkan des Lebens. Der ganze Boden Frankreichs leuchtete auf, und überall brach es wie eine Feuergarbe von Heldentum empor und sprühte gen Himmel. Ein wahrhaft wundersames Schauspiel, dessen ungeheure Vielseitigkeit jeder Beschreibung spottet. ... Manche gaben rückhaltslos alles, was sie hatten. In einem Dorfe, nicht weit von Paris, bot sich ... das ganze Dorf einmütig an, überbrachte die ungeheure Summe von fast dreihunderttausend Franken. Geht der Bauer einmal so weit, daß er sein Geld anbietet, so gibt er sein Blut ohne weiteres; er gibt, er verschwendet es. Die Gaben regneten nur so auf die Nationalversammlung in den Septemberereignissen. ... Was feierlicher und rührender war, das war das tiefe, wundervolle Gefühl der Solidarität, das sich allenthalben zeigte. Jeder wendete sich an alle, sprach, bat für das Vaterland. Jeder machte sich zum Werber, ging von Haus zu Haus, bot dem, der mitziehen konnte, Waffen, Uniform an, alles, was man hatte.« Das Bild, das Michelet malt, ist zweihundert Jahre alt, doch es fällt uns nicht schwer, uns hineinzuversetzen in Gefühle, die zu Massenveranstaltungen führen und die von Massenveranstaltungen hervorgebracht werden, wenn wir an die Unterrichtsstunden von Leipzig denken aus dem Jahr 1989, in denen die Leute, die befehlen konnten, wer offiziell ermordet werde, durch die Entschiedenheit der Vielen zu Behutsamkeit im Umgang mit dem Gemeinwillen hinerschreckt wurden. Die Französische Revolution schaffte der Menschheit einen neuen Stil, einen neuen Stil zu leben.

Die Freiheit von stilistischer Absicht ist die Voraussetzung für Stil. Das gilt auch für den einzelnen Autor. Von Gustav Flaubert wissen wir, er verabscheute jeden Ehrgeiz, Stil zu produzieren. Er konzentrierte sich darauf, Menschen und Ereignisse seiner Zeit so genau darzustellen, wie es ihm möglich war. Der Verfasser eines Lexikon-Artikels über Flaubert nannte dessen Art zu schreiben »Darstellung der reinen Faktizität« (Brockhaus, 19. Auflage). Solch definitorischer Versuch, der etwas, das nicht existiert, durch etwas erklären soll, das nicht existiert, trägt zu der Verwirrung bei, welche Schreibende beherrscht, wenn sie sagen sollen, was Stil sei. »Faktizität« läßt sich nicht darstellen.

»Fakten« lassen sich darstellen, sofern man darunter Lebewesen versteht, Dinge und Vorgänge. Aber was sind Fakten? Wenn jemand einen Gemüsestand am Viktualienmarkt beschreibt, und er bemerkt, der Rahmen des Verkaufsstandes ist aus Lärchenholz gezimmert, ist das für ihn ein »Fakt«, bemerkt er das nicht, und hat er nicht gelernt, Lärchenholz von Fichtenholz oder Weißbuche zu unterscheiden, ist das für ihn vielleicht kein Fakt. Es könnte einer für ihn werden, wenn ihm bewußt würde, er kennt Holz überhaupt nicht. Er würde es nicht benennen können, aber womöglich staunend beschreiben und uns Holz anders sehen lehren. Die Qualität jedes Textes wird vor allem dadurch bestimmt, wie genau der Autor wiedergegeben hat, was er beim Hinschauen, Hinhören, Hinriechen, Hintasten und Hindenken *erlebte*, was er dabei empfunden hat. Seine Darstellung ist um so objektiver, je subjektiver sie ist. Je genauer er wiedergibt, *was er erlebte*, um so genauer gibt er Fakten wieder. Nicht *die* Fakten.

Der Autor Flaubert, der keinen Stil machen wollte, ist durch Genauigkeit beim Beschreiben dessen, was er wahrnahm, in seinen Texten unverwechselbar geworden. Er wollte die Realität darstellen, wie sie ihn über seine Sinne erreicht hatte, unverfälscht von konventionellen Auffassungen, unverfälscht vom eigenen Urteil, präzis und unkommentiert. Er wollte sich, wie ein Wissenschaftler, nur an das halten, was er riechen, schmecken, tasten, hören und sehen konnte. Auf diese Weise war nicht zu vermeiden, daß herauskam, was wir Stil nennen, ein Text, der nur von Flaubert stammen konnte. Stil entsteht durch Genauigkeit beim Wiedergeben dessen, was man wahrgenommen hat. Nicht durch ungewöhnliche Anordnung von Wörtern, seltsame Grammatik oder Hätscheln einer Macke. Die Unverwechselbarkeit entsteht als unvermeidliche Folge der Genauigkeit, weil jeder Mensch die Welt anders wahrnimmt. Aus dem anderen Wahrnehmen entsteht die stilistische Kostbarkeit und Authentizität. Stil ist von Authentizität nicht zu trennen.

Je strenger sich der Autor beim Darstellen an das hält, was er erfahren hat, um so mehr Leser werden sich – nur scheinbar paradoxerweise – in seinem Text wiederfinden. Nichts anderes bedeutet der Begriff »Objektivität«. Objektivität an sich gibt es nicht, sie ist immer an Menschen gebunden. Der Begriff verliert seinen Sinn, wenn es keine Menschen gibt. Wenn es keine Menschen gibt, gibt es dann Steine? Wenn es niemanden gibt, der »Stein« sagt, gibt es keinen Stein. Das Wort »Stein« ist ein Ideologem, ein Geistesprodukt. Es gibt keine Steine, es gibt verhärtete Zustände, vorübergehend. Es gibt keinen »Baum«, es gibt eine bestimmte Erle unter 2718 Erlen in der Angerlohe im Nordwesten Münchens, vorübergehend. Schon wenn ich sage »verhärtete Zustände«, beziehe ich mich auf den Menschen. »Hart« ist, was der Haut Widerstand bietet, ihr weh tut. »Hart« gibt es nur, solange es Haut gibt. Der Autor, der präzis darstellt, was er erfahren hat, gewinnt um so mehr Leser, je genauer er darstellt. Die Genauigkeit führt aus der Konvention. Wer nicht genau schreibt, wird geschrieben.

Der Grund dafür, daß subjektive Genauigkeit mehr Leser erreicht, liegt darin, daß alle Leser irgendwann die Eindrücke aufgenommen haben, die irgendein Autor, der über den Obst- und Gemüsestand schreibt, in sich aufgenommen hat. Wenn es fünfhunderttausend Autoren wären, würde jeder Leser in jedem Text sich wiederfinden, vorausgesetzt, jeder Autor hätte exakt seine Erlebnisse wiedergegeben. Jeder der fünfhunderttausend gibt etwas anderes wieder, aber jeder von ihnen gibt Facetten *desselben* Gegenstandes wieder. Derjenige, der Lärchenholz nicht von Eiche zu unterscheiden vermag, nimmt, wenn auch unbewußt, die Maserung des Lärchenholzrahmens in sich auf. Wenn ein Text fesselt, dann deshalb, weil der Autor verstanden hat, das unbewußt Aufgenommene, das alle aufgenommen haben, wiederzufinden und bewußtzumachen.

Indem der Autor wiedergibt, was ihn durch seine Sinne und seinen Verstand erreicht hat, zeichnet er ein Bild seiner selbst – seiner Vorlieben, Abneigungen, Kenntnisse, Schwächen und Stärken, seiner Ansichten, seiner Herkunft – auch wenn der Autor ein Volk ist. Der Stil ist der Mensch. Stil kann erst entstehen, wenn er nicht entstehen soll.

Wie Authentizität entsteht

In einem Kapitel eines Romans beschrieb ich, wie der Protagonist ein Touristenehepaar einlädt in sein Haus am Meer. Sie sitzen vor dem Kaminfeuer in der »sala«, der Wohnhalle. Der Touristenehemann schläft ein, die Hauptperson des Buches verführt dessen Frau, »treibt es« mit ihr vor dem Kamin in Gegenwart des Schlafenden. Als der Roman erschienen war, sagten Leser zu mir, sie glaubten, ich sei der Protagonist der Szene. Ich fühlte mich geschmeichelt, ich hatte die Szene erfunden.

Authentizität stellt man her durch Konkretheit. Ich ließ in meinem Romankamin grünes Olivenholz verbrennen, nicht trockenes altes, nicht Pinienholz, Holz der Steineiche oder des Feigenbaums. Jedes Holz brennt anders. Aus den Ritzen grüner Olivenscheite treten in der Hitze der Flammen kleine Fontänen unsichtbaren Öldampfes aus, sie werden von der nächsten Flamme erfaßt und verbrannt, blasse blaugelbe Flämmchen huschen am Scheiterrand entlang und geben ihren Geist auf, wenn die Gasblasen verzehrt sind. Die konkrete Präzision zeigt dem Leser: das hat der Autor nicht erfunden. Wirklichkeit läßt sich nicht erfinden. Man kann die Authentizität steigern, indem man den Kaminsims aus einem besonderen Material gebildet sein läßt. Nicht aus »Holz« oder »Stein«, vielmehr aus dem Holz norwegischer Lärchen oder aus dem Sandstein aus der Nähe des Ortes Santanyi im Südosten Mallorcas, wo ein ungewöhnlich feinkörniger Sandstein aus der Erde gebrochen wird, der Rippelmarken zeigt aus der Zeit, als er unter Wind und Wasser als Strand fein rieselte.

Der Autor kann den Sandstein von Santanyi nicht erfinden, das grüne Olivenholz nicht und nicht dessen Flammen. Er bringt mit genauer Darstellung verschiedener Wirklichkeiten Echtheit ein, macht sich die Wirklichkeit solcher Details zunutze und lenkt die Überzeugungsgewalt der Wirklichkeit auf den Lauf seiner Handlung. Er kommt der Glaubwürdigkeit der Wirklichkeit nahe. Jede Frau, die einen Mann durch Eifersucht gefügig machen möchte, der in sie verliebt ist, weiß, es ist Konkretheit, die ihn rasen läßt. Sie streitet, wird sie beschuldigt, alles ab, gibt aber, scheinbar unbeabsichtigt und aus Versehen, ein Detail preis, das zu konkret scheint, um erfunden sein zu können. Eine Freundin versicherte mir einmal auf entsprechende Vorhaltungen: Ich werde mich doch nicht mit einem Mann einlassen, der so unangenehm aus dem Mund riecht. Sie hätte ebensogut sagen können, sie werde sich nicht mit einem Mann einlassen, der lilafarbene Unterhosen trägt. Sie hätte sich rechtfertigen können mit der Erklärung: Du weißt doch, wie weit man unangenehmen Atem riechen kann. Man kann unangenehmen Atem aus einem Abstand von dreißig Zentimetern riechen, ein Abstand, der noch nicht auf Annäherungsabsichten des schlecht Riechenden oder auf Bereitschaft der schlecht Beatmeten schließen lassen muß. Vielleicht roch mein vermutlicher Nebenbuhler unangenehm aus dem Mund aus einer Entfernung von zehn Zentimetern.

Die stärkste Überzeugungskraft kommt aus der Wirklichkeit. Ein Apfelbaum braucht mir nicht zu beteuern, er sei ein Apfelbaum. Meine Wirkung als Autor beruht darauf, daß ich die Erlebnisspeicher des Lesers mit Wörtern berühre. Wie stark die Berührung den Betroffenen bewegt, hängt davon ab, wie genau ich ihn an seine Erlebniseinheiten erinnere.

Ein Redakteur ruft in seinen Lesern keine Erlebniseinheiten wach mit dem Satz: »Weitere Koalitionsverhandlungen wurden vereinbart.«

Der Journalist als unfreiwilliger Meinungswirt

In jedem Jahr macht sich die Gesellschaft für deutsche Sprache auf die Suche nach dem »Unwort des Jahres«. Das ist ungefähr, als wolle man nach dem Zehnmarkschein des Jahres suchen.

Beispiel eins:

In einem Kommentar in der »Süddeutschen Zeitung« zur Vergiftung des Trinkwassers stand folgender Satz: »Etwa 62 Prozent der hierzulande genutzten Pflanzenschutzmittel sind Herbizide, zur Vernichtung der Wildkräuter bestimmt.« Der Verfasser verwendet das Wort »Pflanzenschutzmittel«, obwohl er Pflanzenvernichtungsmittel meint. Die als Schutzmittel verwendeten Chemikalien vernichten alle Pflanzen eines Ackers bis auf eine. »Schutz« zu sagen, wenn Vernichtung gemeint ist, geht nur dann ohne Sprachunrechtsbewußtsein, wenn die Bedeutung der Gewächse, die vernichtet werden, für bestimmte Personen nicht zählt, und wenn diese Personen ihren Wortsinn allgemein durchsetzen konnten. Dies ist der Fall bei Landwirten – wie verständlich ihre Haltung auch immer sei. Sie leben von den »geschützten« Pflanzen – auch wenn diese nach der Ernte vernichtet werden, weil es für sie keinen Markt gibt. Die Landwirte allein hätten die Verwendung des Wortes »Schutz« anstelle des Wortes »Vernichtung« wahrscheinlich nicht allgemein durchgesetzt, wäre da nicht eine noch größere Menschengruppe, die ihren Lebensunterhalt durch das Herstellen chemischer Produkte verdient. Ihre Obmänner sind mächtig genug, in der Öffentlichkeit fast jede Sprachregelung durchzusetzen, die sie wünschen. So wie die Lieferanten von elektrischem Strom für Lager der giftigsten Substanz der Welt, Plutonium, die Bezeichnung »Entsorgungspark« durchsetzen konnten und eine Tausendschaft von Nachrichtentextern verführten, die Verharmlosung zu verbreiten.

Im selben Satz gebraucht der Autor die Vokabel »Herbizide«, eine wörtliche Übersetzung von »Pflanzenvernichtungsmittel«. Man verfälscht den Satz nicht – übersetzt ihn in seine Deutlichkeit –, wenn man schreibt: »Etwa 62 Prozent der hierzulande genutzten Pflanzenvernichtungsmittel sind Pflanzenvernichtungsmittel, zur Vernichtung von Pflanzen bestimmt.«

Das Wort »Herbizide« scheint in seiner Aussagekraft behindert, vergleicht man es mit der Wucht, mit der das Wort »Vernichtungsmittel« bei uns ankommt – obwohl beide Wörter dasselbe bedeuten. Ähnlich wie das griechisch-lateinische »Genozid« für »Völkermord« ist das lateinische »Herbizid« durch den fremdländischen Klang für unsere Ohren gepuffert. Wir hören es und verstehen es im selben Augenblick, aber unser Verstehen hat einen anderen Charakter. Es macht einen Unterschied, ob man jemandem zuruft: »Sie Arschloch!« oder »Sie Schließmuskel!«

Wie das Substantiv »Schließmuskel« zeigt, rührt die andere Art, in der wir ein Wort wie »Herbizid« hören, nicht daher, daß es aus einer fremden Sprache kommt, das andere Hören hat mit unserer Lebensgeschichte zu tun. Die Art, wie wir ein Wort aufnehmen, hängt auch davon ab, was wir erlebt haben, als wir das Wort die ersten Male hörten. Jeder Mensch bringt seine frühen Hörerlebnisse für jedes Wort in die Sprache ein. Beim Hören eines Wortes antworten wir mit dem verstandesmäßigen Erkennen und mit dem gefühlsmäßigen Erkennen.

Bevor ein Mensch, der im Jahr 1940 in Hamburg geboren wurde, verstehen konnte, was die Wörter »Luft« und »Angriff« bedeuten, hatte er eine lebendige Vorstellung davon, was ein »Luftangriff« ist. Er erlebte als Drei- oder Vierjähriger das Sirenengeheul, das die Menschen mit ihm in Keller rennen ließ; das dumpfe Donnern von Bombeneinschlägen, das Erzittern des Erdbodens, den Brandgeruch, weinende Frauen, nervös Befehle erteilende ältere Männer mit Helmen; Ruinen und leere, schwarz verrauchte Fensterhöhlen, verschüttete Straßen, vielleicht auch den Anblick von Verletzten und Toten.

Die Empfindungen, die die Lautfolge »Luftangriff« in mir auslöst, sind ein fein verzweigtes Gebilde, das nur mit Geduld und Sorgfalt nachzuvollziehen und darzustellen ist. Ich erlebte die amerikanischen und britischen Bombardements in einem Erziehungsheim in der Pfalz mit tausend Jungen zwischen sieben und achtzehn Jahren. Die Sirene weckte uns gewöhnlich gegen zwei Uhr morgens. »Schlafsaalweise« geordnet gingen wir hinunter in die Keller, setzten uns dort auf Holzbänke, es roch nach Erde und Kartoffeln. Im kühlen Halbdunkel einer entfernteren Glühbirne gediehen unsere Liebesverhältnisse unter Baumwolldecken. Als wir vierzehn, fünfzehn Jahre alt waren, fuhr ein Hunger in uns hinein und verzehrte uns. Wie unter der Wirkung einer

Droge – als hätte man uns etwas ins Essen gemischt – erfaßte uns eine Verwandlung, wir verliebten uns. In den Kellernächten schmiegten sich die pubertären Paare möglichst unauffällig aneinander, aufgewühlt von der Gewalt dieser neuen Seligkeit und aus Angst, entdeckt zu werden. Bei aller Unschuld drängte es uns auch nach Genitalem. Ich kann bei der Vokabel »Luftangriff« nicht anders, als vor allem angenehme Empfindungen zu haben, ich habe keine Verwundeten gesehen und keine Trümmer, kein Feuer erlebt und keine Detonationen, nur Liebesgelegenheiten.

Wie gut auch immer die Englischkenntnisse des Hamburgers vom Jahrgang 1940 sein mögen, er kann auf das englische »air-raid« nicht mit derselben Gefühlsfülle reagieren wie auf die Lautfolge »Luftangriff«. Der Klang, der nicht mit einem Anfangshörerlebnis verbunden ist, läßt einen Teil seiner Verständnisfähigkeit taub. Der »Kuchen« läßt den Deutschsprachigen ein tieferes Geschmackserlebnis erwarten als ein »cake«. Wer das Wort »Herbizid« liest, versteht mit halber Kraft. Bei »Herbizid« klickt der kognitive Schalter im Kopf. Bei »...vernichtung« klingt die schrecklich dröhnende Tischplatte nach, auf der vor Jahrzehnten die Faust des Vaters eine Fliege erschlug. Bei anderen kommt eine Ahnung des Schauders wieder auf, der sie erfaßte, als sie zum erstenmal Bilder von Haufen verhungerter Menschenleiber sahen.

Die unterschiedliche Heftigkeit, mit der Wörter Menschen anfassen, kann man benutzen. Ein Chirurg hat gewichtige Gründe, in seiner Honorarrechnung den Terminus »Amputation« zu gebrauchen statt die konkretere Form: »Wadenmuskeln durchschnitten und Röhrenknochen durchgesägt.« Mit den ausdrucksschwächeren, durch persönliche Erfahrung nicht so stark aufgeladenen Wörtern kann der Mediziner das Fürchterliche sagen, ohne es ganz auszusprechen.

Kommen Politiker in eine Situation, in der sie es sich nicht leisten können zu lügen, noch die Wahrheit zu sagen, aber reden müssen, bauen sie ihre Erklärungen aus Wörtern, von denen sie wissen oder spüren, daß sie vom Herzen der meisten nicht verstanden werden.

Wo sich Macht konzentriert, ob wirtschaftliche oder politische, häufen sich Wörter ohne Erlebnisunterfutter.

In der Vokabel »Pflanzenschutzmittel« wird das Interesse einer gesellschaftlichen Gruppe zum Wörterleib. Indem der Autor den Terminus verwendet, ohne ihn in Frage zu stellen, befördert er dieses Interesse, während er dagegen ist. Der Journalist, der sich Wörtern nicht entgegenstemmt, wird zum Vehikel fremder Auffassungen. Er wird zum bewußtlosen Meinungswirt.

Als der Artikel in der »SZ« erschien, waren länger als zwanzig Jahre lang die Schäden öffentlich diskutiert worden, die wir der Natur durch Produktion zufügen. Trotzdem spricht der Autor mit gespaltenem Vokabular. Sein Engagement gegen die Zerstörung unserer Lebensgrundlagen bleibt theoretischer Natur, es kommt nicht aus seinem Gefühl, sonst hätte ihn der Ausdruck »Pflanzenschutzmittel« gestört. Er riskiert nichts, richtet sich immer noch ein in den Verhältnissen, die er kritisiert. Legalität ist nicht Legitimität.

Beispiel zwei:
Der Journalist, der die Vokabel »Grenzwert« übernimmt, ist ein Opfer politischer Sprachregelung. Was als Grenzwert bezeichnet wird, ist eine Vergiftungsgenehmigung. Die Empfehlung, »Grenzwert« zu ersetzen durch »Vergiftungsgenehmigung«, mag manchem klingen nach »linker« Polemik. Mein Einwand gegen »Grenzwert«, für »Vergiftungsgenehmigung«, ist handwerklicher Natur. Behörden erlauben Fabriken, Gemeinden und Privatpersonen, in den Boden, in die Luft, in die Gewässer und in unsere Nahrungsmittel bestimmte Mengen Gift einzubringen. Die Mengen, die sie erlauben, nennen sie »Grenzwert«. Der Sinn der Erlaubnis ist fast immer, Kosten zu vermeiden und das Gift in den Organen der Menschen zu entsorgen. Die erlaubte Vergiftung hat dazu geführt, daß Milch von Müttern in Deutschland nicht mehr den Vorschriften des Lebensmittelrechts entspricht, sie enthält zu viele giftige Chemikalien, wie zum Beispiel das Krebs erregende Pentachlorphenol. Da die Behörden auf Anweisung unserer Regierung den Produzenten erlauben, Gifte in unsere Umgebung einzubringen, ist die Vokabel »Vergiftungsgenehmigung« genauer. Sie ist sachlicher. Die Leser lesen über das Substantiv »Grenzwert« hinweg, »Vergiftungsgenehmigung« würde sie erfrischen, ein Wissen in ihnen wachrufen, das immer da war und von der Verharmlosung »Grenzwert« verdeckt wurde. »Grenzwert« fördert passive Leserhaltung, »Vergiftungsgenehmigung« aktive. Was nicht konkret ist, ist am Leser vorbeigeschrieben. Je wahrer eine Aussage, um so direkter schauen sich Autor und Leser in die Augen. Wahrheit ist die Folge guten Handwerks. Was an der Form reizt, ist klares Aufscheinen von Inhalt. Der

Autor soll nicht aus politischen Gründen die Wahrheit schreiben: Wahrheit ist interessanter. Auch für den Autor.

Beispiel drei:
Filialen einer deutschen Supermarktkette verkaufen Feuerzeuge in einer bedruckten Hängepackung. Die Aufschrift lautet: »2 Einweg-Feuerzeuge«. Das ist die Wahrheit, die Packung enthält zwei Feuerzeuge, man sieht ihnen an, sie können nicht nachgefüllt werden. Welche Gattung von Wahrheit dem Kunden begegnet, fiel mir auf, als ich die Übersetzung ins Holländische in der Zeile darunter las: »2 Wegwerp Aansteckers«. Beide Aussagen sind richtig, die holländische ist richtiger für den Käufer, die deutsche richtiger für den Verkäufer. Ohne die Gegenüberstellung der beiden Vokabeln hätte ich nicht gemerkt, daß mich der Ausdruck »Einweg ...« all die Jahre manipuliert hat.

Beispiel vier:
In Wörtern sind veraltete Ansichten über jede Art Wirklichkeit abgelagert. Wörter, die sich selbst geschrieben haben, können Meinungen verbreiten, die der Autor nicht verbreiten möchte. Im Lokalteil einer überregionalen Tageszeitung stand der Satz: »Nach den ersten polizeilichen Ermittlungen wurde Frau G. von einem unbekannten Täter erwürgt.« Der Satz wiederholt konventionellen Sprachgebrauch, in diesem Fall den der Polizeisprache. Der Berichterstatter hat sich ihr geöffnet, durch ihn hindurch hat sie sich selbst geschrieben.

Manche stoßen sich an dem »nach«, als könnte man den Satz so verstehen, daß das Verbrechen begangen worden sei, nachdem die Polizei es entdeckt habe. Kein Leser kommt auf den Gedanken, den Satz so zu lesen; das »nach« hat in solchem Zusammenhang legitimen Sinn, jeder weiß, was gemeint ist. Sprache lebt. Interessanter ist die Frage: Was heißt »Ermittlungen«? Zwei Beamte in Uniform schauen auf den Hals der toten Dame hinunter und entdecken blaurote Flecken. Daraus machen sie wichtigtuerisch »Ermittlungen«. Der Mann von der Zeitung möchte teilhaben an der Geltung der Herrschaftsvertreter und nennt das Hinabblicken auf die Würgemale ebenfalls »Ermittlungen«. Er könnte auch anders reagieren, er steht nicht unter Druck. Er bleibt hinter unserem Grundgesetz zurück, indem er nicht schreibt, was er erfahren könnte, sondern schreibt, was man ihm sagt. Er macht sich zum Amtspapagei. Mit der Vokabel »Ermittlungen« schafft er eine Informationswolke, hinter der man nichts Klares sieht und viel vermuten soll. Er kopiert die Polizei, statt sie darzustellen. In einem solchen Satz dokumentiert sich Untertanengeist.

Er wiederholt die täglich ein dutzendmal wiederholte Wendung, damit schläfert er die gesellschaftliche Intelligenz des Lesers ein. Weil er diesen Satz viele hunderttausendmal vervielfältigen lassen kann, klopft er in den Köpfen der Zeitungsleser antidemokratische Apathie fest. Der Reporter hätte schreiben können, zum Beispiel: »Der Polizeibeamte Max Schreiner sagte, die Frau sei erwürgt worden. Er wisse nicht, von wem.«

Gewiß, der Lokalreporter hat nicht die Möglichkeit, die Polizisten zu verhören, die ihm am Telefon die Sprachregelungen hinüberschieben. Und gewiß ist, blaurote Merkmale an der Kehle von Leichen sind bisher verursacht worden durch Pressen männlicher Hände. Beim Stand der »Ermittlungen« ist eine Täterin nicht ausgeschlossen. Berichterstatter haben nicht zu schreiben, was ihnen als wahrscheinlich vorkommt, sondern was sie wissen. Dadurch, daß der Lokalreporter die Sprache derer übernimmt, die eine andere Aufgabe haben als die seine, trägt er zur allgemeinen Verflachung des Denkens bei. Entweder der Journalist befreit sich von der Macht der Beamtenwörter, oder er macht sich zum Kugelschreiber der Behörden.

In dem sprachlichen Kniefall vor der administrativen Macht kommt das Wort »Täter« vor: »... wurde Frau G. von einem unbekannten Täter erwürgt.« Das Wort »Täter« stammt nicht vom Autor. Er hat es nicht bewußt eingesetzt. Es hat sich selbst geschrieben. Man erkennt das, weil es überflüssig ist. »Täter« enthält keine Information, die aus dem übrigen Text nicht hervorginge. Es hätte gereicht zu schreiben: »Die Frau wurde von einem Unbekannten erwürgt.«

Wie ehrenwert und nützlich die Arbeit der Polizei sein möge, die Polizei steht nicht in der ersten Reihe derer, die erforschen, was der Mensch sei.

Wörter haben ein Bedeutungsfeld, andere Aussagen schwingen mit. Wo ein »Täter« ist, gibt es »Schuld«. Wer »Täter« schreibt, gibt sich, als wüßte er, was Schuld sei. Das Prinzip der Schuld schließt Vergeltung ein, Schuld will ausgeglichen werden. Das Prinzip der Vergeltung ist zu grob, um den Umgang zwischen stärker beschädigten und weniger beschädigten Menschen in einer Weise zu regeln, die das Leid für alle vermindert, für die Gesamtheit derer, die man Gesellschaft nennt. Das Konzept »Schuld« erschließt uns nicht die Einfälle, die nötig sind, uns vor Raub und Mord zu schützen und potentielle Räuber und Mörder vor sich selbst. Das Beharren auf dem Schuldprinzip ist der Entschluß, über bestimmte Bereiche des Menschen nichts wissen zu wollen.

Das Wort ist dem Redakteur entglitten. Andere haben für ihn geschrieben, und er hat es zugelassen. Er machte sich zum Sprachrohr, zum Sprachwasserschlauch, der fremdes Geisteswasser vor sich herspritzt. Er verstümmelte sich zum Vervielfältiger einer reduzierten Auffassung vom Menschen. Er ist ein Eingeschüchterter und schüchtert uns ein. Das macht uns seinen Text fremd. Wir spüren, er hat sich nicht eingebracht, er spricht mit fremder Stimme. Er enthält uns vor, was wir bereits über uns wissen. Er redet in einer Sprache mit uns, die uns daran hindert, unser Menschsein zu erweitern. Seine Sprache ist nicht menschengemäß, das heißt »inhuman«. Journalisten wie er halten uns in unserer Entwicklung zurück. Die Kleinheit solchen Geistes wird durch die Größe der Auflage verschleiert.

Auf derselben Seite derselben Ausgabe findet man einen zweiten Bericht desselben Reporters. Er beginnt: »Nach den ersten Ermittlungen der Polizei …«

Beispiel fünf:
Ein Lokalreporter der »Abendzeitung« schrieb, nachdem er auf einer Pressekonferenz den Vorsitzenden der Münch-

ner Flughafengesellschaft gehört hatte (Hervorhebungen von mir):

»Der Münchner Flughafen ist weiter im *Steigflug*. Mit rund 13,5 Millionen Passagieren wird in diesem Jahr gerechnet. Das ist ein neues Rekordergebnis. Auch das Frachtaufkommen steigt kontinuierlich. Rechte Freude macht sich im Erdinger Moos trotzdem nicht breit. Der bayerische Flughafen ... steht international *nicht mehr hoch im Kurs*. Drei wichtige amerikanische Fluggesellschaften haben schon *die Fliege gemacht*. American Airlines ist *auf dem Absprung*. Jetzt sind die Münchner Aeronauten *auf der Jagd nach dicken Fischen*: Frankfurt, wir kommen!
... Alles kein Problem, *solange die Propeller brummen*. Doch der gnadenlose Wettkampf bringt auch *die Flughäfen* unter Druck. *Der Münchner Höhenflug am Ende?* Im Airport-Management *macht man gut Wind*, weist auf die stete Aufwärtsentwicklung hin. *Gemessen an den Flugbewegungen (181 000 in 1993) ist der Münchner Airport inzwischen die Nummer 2 in der Republik* ... Bisher konnte nur die deutsche BA geködert werden ... *Ein dicker Fisch schwimmt dem Vernehmen nach schon dicht vor den Münchner Netzen:* die Air France.«

Das Konkurrenzblatt, die »tz« aus dem Haus des »Münchner Merkur«, schrieb: »Der Flughafen München Franz Josef Strauß befindet sich im Aufwind.« Einige Monate später sprach der Vorstandschef der Lufthansa vor Presseleuten, die »WAZ« titelte dazu: »Gut Flug: Lufthansa wird vom Aufwind getragen«. Zum selben Anlaß stand in der »SZ«: »Deutsche Lufthansa befindet sich im Steigflug«.

Die Formalkrücken liegen herum, der Autor solcher Metaphern verwendet die nächstliegenden Assoziationen, etwas, das sich aufdrängt, wie einem bei dem Stichwort »Frost« zuerst Schnee einfällt, Eis und Kühlschrank. Die American Airlines ist »auf dem Absprung« (Fallschirm). Der ganze Flughafen verschwindet in den Wolken, mit Restaurants, Reparaturhallen und Rotkreuzstation – durch den »Aufwind«, durch den »Steigflug«. Das »Passagier*aufkommen*« »steigt« mit; eine Fluggesellschaft »macht die Fliege« – ins fliegertechnische Vokabular paßt allerdings nicht, daß es in der Luft über dem Flughafen Fische gibt. Die Methode, in der Darstellung eines Vorganges Vokabeln zu wiederholen, die dem dargestellten Gegenstand zugeordnet werden können, wird besonders gerne von Wirtschaftsredakteuren gebraucht:

> Eine Reifenfirma, die Verluste macht, wird »ausgebremst«;
> eine Autofabrik »ist auf der Überholspur«, wenn die Gewinne steigen;
> ein Hersteller von Fliesen ist »ausgerutscht«, wenn er weniger verkauft;
> der Kabelhersteller, der sein Werk verkaufen muß, »wird stranguliert«;
> die Molkerei »setzt Fett an«;
> die Textilfirma »platzt aus den Nähten«;
> die Mineralwasserfirma »ertrinkt in Verlusten«;
> der Handtaschenhersteller »lügt sich etwas in dieselbe«;
> die Uhrenfabrik »verschläft die Zeit«;
> beim Lampenfabrikanten »gehen die Lichter aus«;
> und Bahlsen »kriegt eine auf den Keks«.

Das Verschwinden des Flughafens in den Wolken begründet der Autor mit dem »steigenden Passagier*aufkommen*« und damit, »das bisherige Sorgenkind Luftfracht entwickle sich am positivsten«. Der Autor schließt mit diesen Formulierungen aus, daß sich der Flughafen wegen der »positiven Entwicklung« im Abwind befinden könnte. Während der letzten Jahre ist hinreichend bekannt geworden, viel Zeugs wird unnötig in der Welt herumgefahren und -geflogen; auch LKW-Transportkilometer »entwickeln sich positiv«, »erzielen hohe Zuwachsraten«, indem hessische Fuhrunternehmer friesische Milch nach Bayern bringen, bayerische Kälber nach Italien und zurück als Wurst. Wer vom »Aufwind« schreibt, weil zum Vorteil der Flughafengesellschaft mehr Waren teurer werden vom Hin- und Hergeflogenwerden, übernimmt die Vokabeln derer, die den Vorteil einstecken, ob das volkswirtschaftlich schadet oder nützt. Er betreibt Verlautbarungsjournalismus, statt nachzufragen, welche Güter werden aus welchen Gründen in der Luft energiefressend umhergehoben. Indem Journalisten sich nicht daran orientieren, was sie erfahren würden, wenn sie sich auf ihr Thema einließen, sondern an den Worten der Interessierten, tragen sie zum Verfall demokratischer Kultur bei.

Jemand, der regelmäßig in einer Zeitung schreibt, sollte sich gewohnheitsmäßig bewußt machen, bevor er einen Artikel beginnt, welche Stellung er zu dem Gegenstand einnimmt, über den er schreiben will. Das bewahrt ihn davor, sich zum Sprecher fremder Interessen zu erniedrigen. Seine Einstellung zum Thema ist für die meisten Leser eine wichtige Nachricht. Wer Geld in die Flughafengesellschaft eingezahlt hat, wird Starts und Landungen mit derselben Aufmerksamkeit zählen wie Geldscheine, die ihm gehören. Warum aber sollte der Lokalreporter es für gut halten wollen, daß sein Himmel und der Himmel seiner Leser Tag und Nacht voller Flugzeuge hängt?

Bleibt ein Flugzeug aus, könnten in einem Geschäft der Stadt japanische Hygrometer fehlen, in einem anderen Okulare aus Taiwan für Auflichtmikroskope. Ist das so schlimm für eine Großstadt, daß es den Aufwand lohnte? Man kann alle Ersatzteile der Welt mit der Bahn von Frankfurt nach München bringen, mit einer Verspätung von acht bis zehn Stunden. Der Texter nennt die Luftfracht ein »Sorgenkind«. Es gibt viele Menschen, die es nicht so eilig haben, wenn Eile so teuer ist.

Hier könnte jemand einwenden, der Redakteur solle berichten, nicht kommentieren. So ist es. Ein Substantiv wie »Aufwind« ist keine Information, an die man eine vernünftige Entscheidung binden könnte, »Aufwind« ist ein Kommentar. Es ist kein Kommentar, wenn er berichtet, was er während der Pressekonferenz erlebt. Zu dem, was er erlebt, gehört auch, was er fühlt. Gefühle haben immer Gründe, die von realen Verhältnissen verursacht werden. So erfahren viele seiner Leser, was sie bei der Nachricht erleben, Leser, denen sonst nicht bewußt würde, was sie erleben.

Der Redakteur, der nicht zu sagen weiß, warum die Münchner sich besser fühlen, wenn mehr Flugzeuge ankommen, kann keinen fesselnden Text über das Thema schreiben.

Ein Autor kann Menschen mit Wörtern nicht festhalten, wenn er Ansichten von Interessierten wiederholt. Ein Bürger, der mitentscheiden soll, ob der Flughafen in seiner Region vergrößert werden soll, muß sich über die Folgen informieren können. Der Vorstand der Flughafengesellschaft wird ihn darüber nicht informieren, von ihm etwas anderes zu erwarten, wäre weltfremd. Die Information: je mehr Flugzeuge, um so besser das Leben, wäre für die Einwohner von München von höchst aufregendem Interesse, könnten sie sie verstehen.

Unser Reporter ist in einer Schwierigkeit, die er nicht durchschaut. Er hat nicht gelernt, wie wichtig seine Gefühle sind beim Wahrnehmen dessen, worüber er schreibt. Es käme ihm und seiner Redaktion absurd vor, Gefühle als handwerkliches Hilfsmittel zu betrachten. Dieser Umstand ist der Grund seines handwerklichen Versagens und für die Langeweile seines Textes.

Beispiel sechs:
Der Hang oberhalb der Isar, von einem Eiszeitgletscher herausgefräst, fällt steil zum Talboden, manchen ergreift Schwindelgefühl, wenn er hinunterschaut. Zwischen Hang und Fluß breitet sich der Münchener Tiergarten aus. Ich sehe von oben Seehunde, eine Horde von Pavianen, in größerer Entfernung ein Löwenpaar. Am Ende meiner Spazierstrecke genieße ich einen längeren Blick durch die Lükken des Laubes hinüber zu den Elefanten. Es sind vielleicht zehn Tiere, darunter ein großer Bulle. Er ist durch ein Geländer aus Holzbalken von den anderen getrennt. Er schwenkt Kopf und Schultern hin und her, unaufhörlich

und gleichmäßig. Sein Verhalten erinnert mich an das Erziehungsheim, wo ich zum erstenmal erlebte, was ich später »Hospitalismus« zu nennen lernte. Manche Kinder rollten ihren Kopf in gleichbleibendem Rhythmus auf dem Kissen hin und her, bis sie einschliefen. Ich empfinde Mitleid mit dem Elefanten. Zum erstenmal in meinem Leben erkenne ich die Tierausstellung in unseren Städten als Tierquälerzentren.

Was mich daran gehindert hatte, die Realität wahrzunehmen, war nicht nur die Liebe zu meinem Vater, der mir die gefangenen Kreaturen schon zeigte, als ich noch nicht in die Schule ging. Es war auch das frühe Erleben der Wörter »Zoologischer Garten« in Sonntagshose, Sonntagsjacke und in der Zuwendung meines Vaters. Wörter wie »Tiergarten«, »Tierpark«, »Gehege« hatten sich mir sonntäglich vor die Wirklichkeit gestellt. Die Vorstellung eines Gartens weckt angenehme Empfindungen und Bilder, die Vokabel »Gehege« suggeriert fürsorglichen Schutz. Ich habe wegen der Wörter den gefangenen Tieren nicht ansehen können, daß sie gefangen sind. Ruft man sich die Bilder von Schimpansen in afrikanischer Wildnis ins Fernsehgedächtnis, fällt einem auf, wie abwegig es ist, das urbane Tierkonglomerat zwischen Mauern mit Gärten zu vergleichen.

Würde man mit der Bezeichnung solcher Anstalten für Tiere deren elendes Leben benennen, indem man auf die Straßenhinweisschilder statt »Zoo« etwa schriebe »Tiergefängnis«, die Menschen würden dieselbe Sache anders sehen. Sie würden eine andere Haltung einnehmen. Eine andere Haltung ist eine andere gesellschaftliche Wirklichkeit.

Es könnte schließlich sein, andere Wörter befreiten die Tiere und die Menschen.

Es ist unwahrscheinlich, daß eine Verwaltung Autofahrer jemals auf ihre eigene Grausamkeit aufmerksam macht. Eine Behörde, die solche Schilder aufstellt, unterhält keinen »Zoo«. Das Wort kann auf Verkehrsschildern erst auftauchen, wenn die Sache abgeschafft ist.

Mit dem Wort »Tiergarten« hat mich die Gesellschaft in die Verharmlosung von Tierquälerei einbezogen. Das Wort hat Einverständnis in mir hergestellt für etwas, das ich verurteile. Eine Lokalreportage könnte mit den Wörtern beginnen: »Im Tierquälerzentrum Hellabrunn ...«

Wörter, die von oben kommen

Zu viele Wörter bleiben in ihrer manipulatorischen Wirkung unerkannt. Sie werden von Journalisten in unerbittlicher Gedankenlosigkeit weiterverbreitet. Würfe ein Militärflieger eine Atombombe mit der Sprengkraft von zwei Megatonnen TNT auf die Stadt Hamburg, würden noch 45 Kilometer vom Stadtkern entfernt Menschen an Verbrennungen sterben. Bei Nordwind würden 40 Prozent der Menschen, die zwischen Hamburg und Fulda wohnen, an radioaktiver Strahlung zugrunde gehen, auf einer Strecke, die bis in die Mitte Deutschlands reicht. Für den Akt des Auslöschens von Millionen von Menschenleben haben unsere Journalisten das alte Wort »Krieg« übernommen. Wer hätte nicht schon die Manipulation unbemerkt mitgemacht und »Atomkrieg« nachgeschrieben oder nachgesprochen? Ein Krieg setzt Kampf voraus. Gegen 20 Millionen Grad Hitze und gegen Gammastrahlen kann man nicht kämpfen. Manche nennen die Ausrottung von Volksteilen durch Knopfdruck vom Flugzeug aus »nukleare Auseinandersetzung«. Den auseinanderfliegenden Reaktor, mit dem die Millionen zum Sterben gebracht werden können, heißen sie »Kernwaffe«. Gegen eine Waffe kann man sich mit einer Waffe wehren, gegen ein Völkervertilgungsmittel nicht. Der Journalist, der solche Mittel »Waffe« nennt, ist ein Regierungstonband oder ein schlechter Handwerker.

Die beschönigende Erfindung des Wortes »Entsorgungspark« für tiefe Stollen im Berg, in denen Plutonium aufbewahrt wird – eine Substanz, von der ein millionstel Gramm genügt, einen Menschen durch Krebs zu töten –, diese Schminkvokabel wird von kritischen Journalisten häufig angeführt als manipulatorisches Beispiel. Die Schönzeichnung ist zu plump geraten, um nicht jedem aufzufallen. Wenn Handelsvertreter von Waffenfabriken von »Weichzielen« sprechen, wissen Kunden und Verkäufer, sie meinen Menschen. Kein Journalist würde die Sprachregelung der Waffenwerbetexter übernehmen. Die Partner des Waffengeschäftes brauchen die Vokabel, um sich beim Handel mit Tötungswerkzeugen besser zu fühlen. Eine Waffenfirma nennt ihre laser- und infrarotgesteuerten Bomben »Abwurfkörper«. Militärs sprechen von »ausschalten« oder »neutralisieren«, wenn sie das Zerfetzen von Menschenleibern meinen. Sie bezeichnen den tödlichen Absturz eines Hubschraubers während eines Übungsfluges als »harte Landung«. Militärs loben das menschenfreie Vokabular als die »Sprache von Fachleuten«; »es könne nicht die Aufgabe der Streitkräfte sein, Angst bei den Zivilisten zu schüren«. Deshalb lernen Bundeswehr-Offiziere, sich, wie es heißt, »nüchtern auszudrücken«. Was ist daran nüchtern, wenn man sich falsch ausdrückt? Angst hat wahrscheinlich schon mehr Menschenleben gerettet als die Medizin.

Im Frühjahr 1990 fragte der Historiker Arnulf Baring in einem Beitrag für die »Frankfurter Allgemeine Zeitung«: »Wird es immer ein Fehler sein, nach deutschen Kernwaffen zu streben, oder werden heute umgekehrt Situationen denkbar, in denen wir sie haben müßten, auch im Interesse der deutschen Nachbarn und Partner?« Baring antwortet sich: Im Moment sei der Gedanke zwar unzeitgemäß, »aber morgen oder übermorgen könnte Deutschland die militärischen Attribute brauchen, um einem ökonomischen Einfluß politischen Nachdruck zu verleihen – nicht bedrohlich, sondern zur Stabilisierung eines demokratischen Europa.« (Zitiert nach »konkret« 9/90)

Sollten deutsche Politiker irgendwann Geräte zur Ausrottung von Völkern kaufen oder herstellen lassen, würde der Historiker Baring das für legitim halten (»Deutschland … könnte brauchen«), wenn damit »ökonomischem Einfluß politischer Nachdruck verliehen« würde. Wenn er auch versichert, dieser Nachdruck solle nicht bedrohlich sein, so ist schwer zu verstehen, wie ein Nachdruck zum Nachdruck werden könnte, ohne daß er bedrohlich ist. Übersetzt man Barings abstrakte Formulierung so weit wie möglich ins Konkrete, ohne sie zu verfälschen, könnte sie etwa lauten: »Wir Deutsche möchten im Ausland Geschäfte machen und Geld verdienen. Es könnte sein, daß uns hierin das eine oder andere Land Schwierigkeiten machen wird, indem man uns zum Beispiel Märkte verschließt. Das würde in unserem Land Arbeitsplätze gefährden und Unruhen unter der Bevölkerung hervorrufen. Wir sollten deshalb Atom- und Wasserstoffbomben auf Vorrat halten, damit wir wenigstens sagen können, wenn ihr uns nicht genug verdienen laßt, können wir euch auch ein bißchen ausrotten.«

Das ist eine Erklärung, die man öffentlich nicht ausspricht. Man kann aber daran interessiert sein, daß sie von bestimmten Adressaten verstanden wird. Ein Grund sorgfältig gearbeiteter Unverständlichkeit kann sein, daß sich verschiedene Interessengruppen über eine öffentliche Einrichtung wie eine Zeitung miteinander unterhalten, ohne daß das Ungeheuerliche das Bewußtsein der Mehrheit erreicht. Diese Art Mitteilungsform scheint der Ursprung der Wirtschaftssprache in den Zeitungen. Darin verständigen sich Insider miteinander, ohne Rücksicht nehmen zu müssen auf Verständlichkeit für Menschen, die sie für Außenstehende halten – obwohl es in Dingen der Wirtschaft keine Außenstehenden gibt.

Der »FAZ«-Autor hat die Federung, die den Schock beim Verstehen seiner Botschaft mildern soll, sorgfältig gebaut. Er entkörpert die Vernichtungsreaktoren zur bloßen Eigenschaft einer Nation, zum »militärischen Attribut«, und bringt sie damit in die assoziative Nähe zu Harmlosigkeiten wie Schnürstiefeln, Orden oder Schulterstücken, die man üblicherweise als militärische Attribute bezeichnet. Die Drohung erinnert an die Drohung der Mafia durch den Satz: Wir machen ihm ein Angebot, das er nicht ablehnen kann. Der Mafia-Satz zeigt, man kann den Schrecken einer Drohung durch Beschönigung steigern. Wer eine Erpressung durch Todesdrohung als »Angebot« bezeichnet, demonstriert, Mord gehört für ihn zur Routine, und da ist formulatorisches Pathos eher abträglich.

Die Verwalter der deutschen Konzentrationslager nannten es »Schutzhaft«, wenn sie Sozialisten und jüdische Bürger zu Folter, Hunger und Sklavenarbeit hinter Stacheldraht sperrten. Sie erklärten den Euphemismus damit, daß sie die Verfemten vor dem Volk schützen mußten.

Autoren von Presse und Fernsehen, die derlei Fälschungsarbeit leisten, tun dies nicht in der Absicht, ihren Mitbürgern zu schaden, während sie ihnen schaden. Gewöhnlich schreiben sie nur deshalb undeutlich, um sich durch Anpassung den Job zu sichern. Es ist in den Medien nicht üblich, von Völkerausrottungsmitteln zu schreiben oder von Massenmordbomben. Die Ressortleiter würden solche Ausdrücke als zu pathetisch, als zu subjektiv, als zu agitatorisch oder als zu romantisch ablehnen. Daß sie das, was wissenschaftlich und korrekt ausgedrückt ist, als zu pathetisch und agitatorisch empfinden, liegt an ihrer größeren sozialen Nähe zu denjenigen, die die verharmlosenden Vokabeln in die Sprache einleiten. Sie haben weniger Grund, Anstoß zu nehmen an den Wörtern, die von oben kommen.

In einem »Spiegel«-Artikel steht der Satz: »19mal hat Andreotti seinem Land als Minister gedient.« Andreotti hat

Paläste bewohnt, sich von Dienerschaften verwöhnen lassen, fast täglich als »Arbeitsessen« benannte Festmahlzeiten zu sich genommen, dazu ein hohes Einkommen bezogen mit dem Anrecht auf eine komfortable Altersversorgung, sich von Chauffeuren in bequemen Limousinen fahren lassen – und der »Spiegel«-Autor schreibt, er habe »gedient«. Das Land hat Andreotti gedient. Auch andere Italiener haben gearbeitet, ohne denselben Komfort. »Spiegel«-Redakteure, wie man weiß, zählen sich zur deutschen Journalisten-Elite, trotzdem entfährt einem von ihnen eine solche Feudalkonvention. Das zeigt, mit welcher Wucht veraltetes Sprachgut sich auch in intelligenteren Federn durchsetzt. Intelligenz schützt nicht vor Dummheit.

Ein angesehener Publizist schrieb in einer angesehenen Tageszeitung über Bundeskanzler Helmut Kohl: »Er denkt dabei zurück an jene Zeit vor 50 Jahren, als sein damals knapp 19jähriger Bruder kurz vor Kriegsende fiel ...« Die meisten Deutschen gebrauchen die Vokabel »fallen«, wenn es sich darum handelt, daß eine relativ kleine Gruppe Millionen von Menschen dazu brachte, andere niederzuknallen, mit Sprengkörpern zu zerreißen und sich selbst niederknallen und zerreißen zu lassen. Der Euphemismus »fallen« für das Sich-abschlachten-Lassen hat mit dazu beigetragen, daß die Menschen nicht erkannten, ein Soldat verliert den Krieg immer, auch wenn er der siegenden Partei angehört und überlebt. Statt »mein Bruder ist gefallen« hätte Helmut Kohl sagen sollen: »Mein Bruder hat sich ausbluten lassen auf Befehl von Leuten, die weder intellektuell noch kulturell, noch schöpferisch bemerkenswert waren. Sein Tod war für die Deutschen ein Unglück.« Mit diesem Satz hätte er in den Bürgern einen Bewußtseinsruck ausgelöst. Verwendet er das Verb »fallen«, bricht er seinen Amtseid. Er hat dem deutschen Volk nicht gedient. Indem Millionen von Menschen seine Wörter hören und lesen, trägt er dazu bei, deren Bewußtsein zu verengen. Wörter können sich zwischen uns und die Wirklichkeit stellen.

Das Streben nach Macht und das Streben danach, sich mit Wörtern konkret präzis auszudrücken, schließen sich aus. Wer nach Macht verlangt, kann an Genauigkeit bei der Darstellung der Verhältnisse nicht interessiert sein. Er spielt seine Fehler herunter, er kehrt seine Verdienste heraus. Er ist überhaupt darauf bedacht, alles, was er an Vorteilen mit seiner Interessengruppe teilt, undeutlich darzustellen. Damit hält er die Entwicklung der Gesellschaft in einer primitiveren Phase fest. Er wird stets darauf achten, daß der Umgang mit Wörtern in der Schule nicht der erste Gegenstand des Unterrichtsplanes ist. Sein ganzes Leben ist gegen lebendige Sprache organisiert. Wer daran interessiert ist, seine Machtposition zu erhalten, kann nicht interessiert sein daran, daß seine Wörter übereinstimmen mit gesellschaftlicher Wirklichkeit. Solange eine Minderheit die sprachliche Ausbildung eines Volkes leitet, kann sich öffentliche Kultur der Sprache nicht entfalten. Journalisten und andere sich öffentlich Artikulierende könnten etwas für den Abstand des Menschen vom Schimpansen tun, indem sie stärker darauf drängten, daß in den Anstalten der Medien Stilschulen eingerichtet werden, und indem sie ihre Chefredakteure zwängen, besseres Deutsch zuzulassen und zu fördern. Die schlechten Gewohnheiten der Konvention wird man nicht los während eines Volontariats. Journalisten könnten ein abenteuerlich anregendes Arbeitsleben führen und wirtschaftliche und politische Macht wirkungsvoller kontrollieren, wenn sie sich befreiten von der sprachlichen Konvention der Politiker.

Vom Fragen

Konvention ist, worin zu irren man sich allgemein geeinigt hat. Sprachliche Konvention erschwert, Wirklichkeit zu sehen. Konvention ist überholte Nützlichkeit, von der sich Menschen nicht gerne trennen. Bis vor 200 Jahren bestand das Sonnensystem nach konventioneller Auffassung aus der Sonne und sechs Planeten. 1781 bekam es Zuwachs, der Astronom W. Herschel entdeckte den Planeten Uranus. Weiter draußen warteten zwei Planeten darauf, unser Sonnensystem zu vervollständigen: Neptun und Pluto. Jetzt sprechen Argumente dagegen, daß Pluto ein Planet unseres Sonnensystems sei. Eine Gruppe von Menschen mit guten Fernrohren war übereingekommen – um es lateinisch zu sagen: konvenierte –, außer der Erde kreisen noch acht andere Kugeln in verschiedenen Abständen um das Zentralgestirn, Kugeln, von denen wir seit kurzem wissen, daß sie so kugelig nicht sind. Menschen nehmen solche Behauptungen nicht als Wörter, vielmehr als Wirklichkeit.

Wenn ich aus dem Fenster schaue, muß ich den Kopf fast in den Nacken legen, damit ich, vom Kochelsee aus, die Kuppe des Herzogstand sehe, 1130 Meter über dem Wasserspiegel aufsteigender Fels; der See liegt 600 Meter über dem Meeresniveau. Bedenkt man, daß es auf der Erdoberfläche kein natürliches Material gibt, das nicht abgetragen wird von Regen und Wind, Frost und Hitze, dürfte es solch einen Berg nicht geben, vielmehr nur Krater und Vulkane, weil diese Erhebungen immer wieder neu entstehen. Seit Jahrtausenden beobachten Menschen, wie auch härtester Stein verwittert. Mir ist nicht bekannt, daß sich jemand darüber gewundert hätte, daß es Gebirge gibt. Die Existenz der Zugspitze oder des Mount Everest ist unlogisch und nicht zu erklären, wenn man die Bewegung der Kontinentalplatten ignoriert. Entweder es gibt Verwitterung oder Gebirge. Beides kann es ohne Plattendrift nicht geben, es sei denn, die Erdkugel schrumpfe.

Falls sich überhaupt jemand darüber wundert und sich fragt, wie kommt es, daß der Herzogstand 1731 Meter in den Himmel ragt?, dem wird der Augenschein verbieten zu denken, er habe eine bewegliche Masse vor sich, plastisches Material, das einmal Meeresboden war, das jedes Jahr um drei Millimeter höher wird, von denen die Hälfte wieder abwittert. Der Fels steht wie ein Fels. Er ist für uns nur deshalb kein Plastilin, weil der einzelne von uns nicht eine Million Jahre alt wird. Sonst könnte er die Alpen sich auffalten sehen, als wären sie nicht das, was wir unter »Stein« verstehen.

Menschen haben von jeher beobachtet, wie ein Körper an einer Schnur hin- und herschwang, bis er stillstand. Bevor Galilei eine schwingende Lampe im Dom von Pisa unkonventionell anschaute und ihre Schwingungsdauer mit seinem Pulsschlag verglich, galt ein schwingendes Gewicht nach der Auffassung von Aristoteles als fallender Körper, wie jeder fallende Körper, mit dem Unterschied, daß man ihn durch Festbinden daran hinderte, direkt zum Tiefstpunkt und Ruhepunkt zu fallen. Wenn ich sage, Konvention entsteht durch Nutzen, dann meine ich, die physikalischen Auffassungen von Aristoteles waren nützlich. Der Nutzen seiner Erkenntnisse war so anhaltend, daß es zweitausend Jahre dauerte, bis sich jemand aus der einschüchternden Gültigkeit lösen und die Unerklärlichkeiten zu untersuchen wagte.

Galilei erkannte, Aristoteles hatte recht, aber nicht recht genug. Newton hatte recht, aber nicht recht genug. Niemand kann jemals recht genug haben. Der Philosoph Karl Popper stellt die These auf, was nicht falsifizierbar ist, hat keinen Erkenntniswert. Sein Wort abwandelnd läßt sich sagen: Alle Erkenntnis kann Konvention werden. Das Erkennen von Wirklichkeit verbindet Wissenschaft und Kunst. Um Wirklichkeit zu erkennen, muß man bereit sein, über das hinauszugehen, was alle erkannt haben. Das gilt für literarische Arbeit, und es gilt für Alltagsjournalismus.

Wir haben in der Schule über Papst Urban VIII. gelacht, der Galilei einsperren und beinahe hatte umbringen lassen, weil dieser behauptete, die Erde drehe sich um die Sonne. Leider hat uns kein Lehrer nach dem Lachen gesagt, daß wir alle Päpste sind, durch konventionelles Denken verpapstet.

Galilei erkannte in dem Körper, den man beim Fallen behindert, mehr als einen Körper, der mit seinem Gewicht den Tiefstpunkt sucht, den Punkt, der der Erdmitte am nächsten kommt. Er erkannte im gefesselten Fall etwas Neues, was die aristotelische Physik veränderte. Er veränderte sie ohne Instrumente, durch Schauen und Denken. Er tat nichts anderes, als was das Ziel jeden Redakteurs sein sollte: Wirklichkeit zeigen. In dieser Hinsicht hat journalistische Berichterstattung dieselbe Funktion wie Wissenschaft. Der Schreibende sollte, bevor er schreibt, seine Sicht der Dinge »falsifizieren«. Das ist eine andere Formulierung für die andauernde Anstrengung, sich aus der Verstrickung mit der Konvention zu befreien.

Ein Pendel ist mehr als ein fallender Körper. Es schwingt mit einer Präzision, daß man mit den Schwingungen die Zeit exakt messen kann, die ersten Uhren waren ein Produkt dieser Erkenntnis. Und da es immer in derselben Richtung schwingt, zeigt es an, daß sich die Erde um ihre Achse dreht. Der französische Physiker Foucault führte 1850 vor, wie sich die Erde unter dem Pendel wegdreht. Er hängte im Panthéon in Paris eine 28 Kilogramm schwere eiserne Kugel an einem 67 Meter langen Draht von der Decke. Er bewies, daß die Geschwindigkeit, in der eine Markierung des Bodens das Pendel umwanderte, vom Breitengrad abhängt und daß sich ein Pendel in der nördlichen Erdhälfte im Uhrzeigersinn zu drehen scheint und umgekehrt in der Südhälfte.

Geht man davon aus, daß über das Pendel alles gesagt sei, nachdem man es zum »fallenden Körper« erklärt hat, blokkiert man seine Entdeckungsintelligenz, den Weg aus konventionellem Denken.

Die Qualität einer journalistischen Arbeit hängt auch ab von der Art und der Zahl der Fragen, die dem Schreiben vorangegangen sind. Der schwache Autor überschätzt sein Wissen. Will er fesselndere Texte schreiben, sollte er sich als Forschenden verstehen, der sich auf Expeditionen in den Alltag begibt. Ohne Forschungsarbeit kann man nichts verstehen, weder die Herstellung von Matratzen noch die Vertriebswege von Radieschen. Ein Reporter, der die Frage nicht beantworten kann, warum es für die Einwohner von München ein Vorteil sei, wenn mehr und mehr Flugzeuge in Erding landen und starten, für welche Münchner es gut ist und aus welchen Gründen, der hat das Thema nicht genügend erforscht. Wenn er die geschäftliche Entwicklung der Flughafengesellschaft bewertet – indem er von »Sorgenkind« schreibt und von »Aufwind« –, lebt er über seine kognitiven Verhältnisse. Statt den Leser zu unterrichten und ihm das Urteil über den Sinn der geschäftlichen Entwicklung der Flughafengesellschaft zu überlassen, suggeriert er ihm, was er von der Entwicklung zu halten habe. Nichts anderes ist die Funktion eines Kommentars. Seine kommentierende Darstellung ist Propaganda. Er ergreift Partei, nicht absichtlich, vielmehr ohne es zu wollen. Er wäre vermutlich erstaunt über diesen Vorwurf. Er merkt nicht, daß er nicht weiß. Er setzt als selbstverständlich voraus, »steigendes Passagier- und Frachtaufkommen« nütze der Allgemeinheit. Sein Credo heißt: Hauptsache, Umsatz; es ist immer gut, wenn etwas umgesetzt wird, das schafft »Arbeitsplätze«, und »Arbeitsplätze« sind immer gut, gleichgültig, was an ihnen getan wird. Er geht davon aus wie von einem Paradigma, ähnlich dem, daß Wasser auf mittlerem Meeresniveau bei 100 Grad Celsius anfängt zu kochen (was auch falsifizierbar ist). Es gibt Hunderte von Gütern, die niemand braucht und die zu verkaufen außerordentlich schwierig und teuer ist; es wäre volkswirtschaftlich billiger, die Herstellenden dafür zu bezahlen, daß sie solche Güter nicht herstellen. Das würde Rohstoffe sparen und Energie und den Menschen die Muße lassen, über eine nützlichere Tätigkeit nachzudenken. Nicht Erkenntnis hatte unseren Lokalreporter veranlaßt zu schreiben. Was ihn formulieren ließ, war eine Denkgewohnheit, der so viele Menschen so kritiklos anhängen, daß man von einem Dogma sprechen kann. Sein Text ähnelt eher einem Glaubensbekenntnis als einer Reportage. Es gibt keinen größeren Fehler für einen Berichterstatter, als etwas vorauszusetzen.

Die Hauptaufgabe eines Richters oder eines Wissenschaftlers besteht im Fragen. Kein Richter, der seinen Beruf ernst nimmt, würde ein Urteil fällen, ohne alle Fragen gestellt zu haben, deren Antworten er braucht, um gesetzestreu zu urteilen. Kein Naturwissenschaftler würde eine These aufstellen, ohne sie bis zur letztmöglichen Gewißheit durch Experimente zu befragen. Ihre Grundhaltung läßt sich ausdrücken in den Worten: Vorausgesetzt wird nichts. Oder: Vor dem letzten Recherche-Schritt wird nichts gewußt. Der öffentlich Schreibende, nenne man ihn »Journalisten«, »Berichterstatter« oder »Schriftsteller«, hat die größte Wirkung, wenn er, bevor er drucken läßt, sich zum Frageschwamm entwickelt, der sich von Antworten der Wirklichkeit durchdringen läßt. Er sollte auch Fragen stellen, von denen er nicht weiß, ob er mit der Antwort etwas anfangen kann, er kann vorher nicht wissen, welche Antwort er bekommt und wie nützlich sie sein wird.

Während einer Reise durch Sibirien begleitete mich eine junge Dolmetscherin. Ich hatte sie tagelang durch unstillbare Fragebesessenheit strapaziert. Ich arbeitete einige Tage mit einer Brigade beim Bau der zweiten transsibirischen Eisenbahn, der Baikal-Amur-Magistrale. Wir fuhren jeden Morgen in einem zum Mannschaftswagen umgebauten LKW mit Bänken und Tisch zur Trasse. Wir justierten die Gleise, indem wir sie mit hydraulischen Hebern anhoben und mit spatenförmigen Hölzern den Schotter unter die Schwellen stopften. Bei einer dieser Fahrten bemerkte ich, daß einer der Arbeiter mit offenen Schnürsenkeln eingestiegen war. Ich fragte Tatjana:
»Warum hat er die Schuhe nicht zugemacht?«
»Das weiß ich nicht.«
»Frage ihn.«
»Ich soll ihn fragen, warum seine Schuhe offen sind?«
»Ja.«
»Das weiß ich. Da braucht man nicht zu fragen.«
»Warum?«
»Er hat es vergessen. Das ist einfach.«
»Frage ihn.«
Sie fragt ihn mit einem Gesicht, das den Befragten um Entschuldigung bittet, mit einem schnellen Blick zu mir herüber, wie ein Finger, der zeigt. Die Frage macht den Mann verlegen. Er hat sich mit seiner Frau gestritten und ist zu spät aus dem Haus gekommen.
»Warum haben sie sich gestritten?«
Über das Abendessen haben sie sich gestritten.
»Worum ging es da?«
Die Frau wollte Pelmeni, er wollte keine Pelmeni, er wollte Kartoffeln. Es gibt keine Kartoffeln, aber er wollte Kartoffeln.

»Warum wollte er Kartoffeln, wenn es keine gibt?«
Es sei falsch gewesen, auf Kartoffeln zu bestehen, sagt er, er war verrückt. Es war nicht in Ordnung.
»Warum gibt es keine Kartoffeln?«
Der Zug mit den Kartoffeln konnte nicht kommen. Eine Brücke ist beschädigt. Morgen gibt es Kartoffeln, sie kommen mit Lastwagen.
»Was ist mit der Brücke?«
Es gibt keine ausreichenden Erfahrungen, wie sich der Dauerfrostboden unter einer solchen Trasse verhält. So weit er verstanden hat, ist das Eis am Boden unter der Last des Bahndamms, dort, wo die Brücke aufliegt, weiter zurückgewichen, als berechnet worden war. Nicht jeder Quadratmeter Boden ist gleich beschaffen. Es gibt Dauerfrost bis in eine Tiefe von 300 Metern, an anderen Stellen kommt der Fels bis nahe an die Oberfläche. Er erwähnt, daß eine Kommission kanadischer Fachleute gerade an der BAM ist, sie studieren genau das Problem. Es gibt ein Abkommen zwischen der UdSSR und Kanada, die Erfahrungen im Eisenbahnbau miteinander auszutauschen, die in solchen Gebieten gemacht werden. Kanada möchte auch eine Bahn weiter oben im Norden bauen.

Kinder haben mehr Neugierde als Meinungen. Wenige Erwachsene werden mit dieser Fragegewalt fertig. Wir werden während der Kindheit durch die Erfahrung entmutigt, daß es schwierig ist, befriedigende Antworten zu bekommen. Erwachsene zu fragen, macht bald keine Freude mehr, und so verbinden wir in unserem Gefühl mit Fragen bald Enttäuschung. Das mag ein Hauptgrund sein für den Mangel an Neugierde bei Journalisten.

Wer eine Meinung veröffentlicht, gibt dem Wunsch nach, daß andere so denken mögen wie er. Dieser Wunsch mag legitim sein oder nicht, er behindert beim Erkennen. Es ist schon falsch, daß der Darstellende überhaupt eine Meinung hat. Er sollte keine Meinung in seine Darstellung einfließen lassen, auch nicht die allervernünftigste. Was vernünftig ist, sollte der Leser entscheiden können. Daran hindert ihn, wer sich zu seinem Vormund aufwirft.

Eine kurze Geschichte eines kurzen Wortes

Lange hat mich beschäftigt, warum heißt das Gurktal Gurktal. Es wäre mir nicht so wichtig gewesen zu verstehen, woher der Name kommt, wäre er nicht über drei Kinderjahre Schlafstube gewesen und verschneiter Schulweg, Prügel und Heuernte, Wasserschleppen in Eimern vom Brunnen und Schreien von Schweinen beim Schlachten. Niemand konnte mir eine Antwort geben. Jahrzehnte später schrieb ich eine Reportage über die Kärntner Slowenen, aus Sympathie für die Minderheit und auch deshalb, weil mein Schwager, ein »Deutschkärntner«, der in einem Raumanzug von Überzeugungen durchs Leben trottete, das Gesicht in die Breite verzog und lauter sprach als sonst, sobald er merkte, daß ich nicht glaubte, die Slowenen wollten Kärnten an Jugoslawien verraten. Mich bewegte ein Vorfall, nach Kärnten zu reisen, den man »Ortstafelsturm« nannte. Mitglieder und Sympathisanten des »Kärntner Heimatbundes« waren durch die slowenischen Ortschaften in Südkärnten gefahren, hatten die zweisprachigen Ortsschilder aus der Erde gezogen, sie auf Lastwagen vor das Gebäude der Landesregierung in Klagenfurt gefahren und sie vor das Portal geworfen. Slowenen erzählten mir, die Deutschkärntner seien zwölfhundert Jahre alte Bayern. Sie seien im 8. Jahrhundert ins slowenische Kärnten eingedrungen und hätten die Einheimischen, die ein paar Jahrhunderte länger Einheimische gewesen waren, allmählich immer weiter nach Süden gedrängt. Man hört dem Kärntner Dialekt das Bayerische noch an – und es gibt in ihm slawischen Vokabelschmuck. Slowenen wissen, woher die Gurk ihren Namen hat. Mit dem Gemüsevergleich ist dem lauten, kalten Wasser nicht beizukommen. Wenn ich von Kleinglödnitz nach Feldkirchen fuhr, in die Stadt, ragten hohe Felswände über die Fensterscheiben des Omnibusses hinauf. Bei der Rückfahrt fuhr ich an einer besonders engen Kurve einige Jahre lang auf ein Hakenkreuz zu, in der Höhe auf die steinerne Wand gepinselt. Der Straßenabschnitt heißt »Enge Gurk«. »Eng« heißt im Slowenischen »krk«. Eine schmale Insel in der nördlichen Adria heißt »Krk«. Als die Bayern kamen, nannten die früher gekommenen Einheimischen das Gurktal »Enges Tal«, »Krk«-Tal. Die Deutschen, denen drei Konsonanten hintereinander nicht so leicht gelingen, am ehesten noch bei »Sparstrumpf« und »Pfründe«, erleichterten sich die Aussprache des slowenischen »eng« durch einen der Vokale, die sich beim Anhören der Lautfolge »K-r« eher anbieten als ein »e« oder »i«, das »u« oder »o«. Heute sagen die Deutschkärntner, wenn sie von meinem ehemaligen Tal sprechen, zweimal »eng«, einmal auf deutsch und einmal auf slowenisch. Ob »G« oder »K«, das variiert ohnehin von Rachen zu Rachen.

Die Nachbarschaft von »g« (»k«) und »r« – in dieser Reihenfolge – für »Enge« wird kaum ein Zufall sein und weit auf Vorläufer gegenwärtiger Sprachen zurückgehen. Es liegt nahe, an die Laute zu denken, die jemand von sich gibt, wenn man ihm den Hals zudrückt. Das »krk« läßt denken an »Gurgel«, auch wegen des engen Durchlasses. Die »Gurke« aber ist aus dem Persischen auf dem Weg übers Mittelgriechische »águros« zum polnischen »agórek« und von dort zu unserer »Gurke« geworden.

Zweimal in verschiedenen Wörtern dasselbe zu benennen ist nicht ungewöhnlich. Dadurch, daß wir die Sachbezeichnungen früherer Generationen als Sachbezeichnungen nicht mehr erkennen und sie statt dessen für Namen halten, fügen wir dem vermeintlichen Namen unsere Sachbezeichnung hinzu, so entsteht die Doppelbezeichnung. »Sauerampfer« heißt Sauersauer, im Holländischen heißt »sauer« »amper«. Der Kärntner sagt nicht nur »Eng-eng-Tal«, er sagt auch »Nockerberg«: »Bergberg«. »Nock« heißt soviel wie Brocken oder Berg. Es geht auch seitenverkehrt, mit »kon«: »Rüschlikon«. Der Westfale, der von der Stadt Montabaur spricht, sagt »Bergberg«. Der Ursprachforscher Frederik Fester hat gefunden, daß »ca« für »Wasser« steht, als ein Urwort, das auch in »Cognac« und in »Aichach« vorkommt und in »Wackerstein«, und einmal seitenverkehrt und verdoppelt in »acqua«. Seitenverkehrtheiten kommen in Sprachen öfter vor, zum Beispiel Lampe – Ampel, Pfanne – Napf, Topf – Pott, Kuß – suckeln/lat. sucus von sugere = saugen/suchen, Rabota – Arbeit.

Wenn das Ich schwach wird, verschwinden die Verben

Zwischen meinem neunten und zehnten Lebensjahr lebte ich mit meiner Schwester auf dem Land – im Gurktal – bei Pflegeeltern. Der Schulweg führte uns durch ein Gut mit feudalem Herrenhaus, einer Mühle, Schmiede, Sägewerk, vorbei an einem langen Rinderstall – den wir nicht passierten ohne respektvolle Blicke zum Stalltor hinüber, hinter welchem wir einen Stier wußten, der immer darauf aus schien, sich rächen zu wollen –, und einem Pferdestall mit zwanzig Pferden oder mehr. An manchen Tagen gerieten wir in ein Schauspiel, sahen einen Hengst agrarisch sich über den hinteren Teil einer Stute erheben und seinen armgroßen Schlauch für viel zu kurze Zeit in ihrer schwarzen Schleuse verschwinden. Die Aufführung wurde von zwei Knechten gelenkt. Mitunter half einer mit der Hand nach, wenn der Protagonist in der Gierhast das reproduktive Ziel nicht gleich fand. Wir spürten, die Gewalt dieses Rausches mußte überwältigend sein, als wir beobachteten, wie der Hengst sich auf den Hinterbeinen aufrichtete, haushoch schien uns, mit waagrecht schlingerndem hellrot-schwarzem Pfahl und verstörtem Gewieher. Die anatomischen Ähnlichkeiten zwischen diesen Säugetieren und uns schienen uns vielversprechend. Meine Schwester und ich gedachten, durch Nachahmung an ähnlich starke Reize zu gelangen. Sie kniete sich sommers ins Gras, entblößten Ärschchens, den Rock in der Taille versammelt. In vorauseilender Geschlechtlichkeit mimte ich Aufspringen. Eine Nachbarin beobachtete uns, verriet uns an die fromme Pflegemutter. Deren Frömmigkeit war im ganzen Eng-Eng-

Tal gefürchtet. Sie war so schön, daß ich mich in männlicherem Alter in sie verliebte. Da war ich sechzehn und sie fünfundvierzig. Noch heute bereue ich zuweilen, daß ich nicht wenigstens in Andeutungen versucht habe, ihr zu zeigen, daß ich zur Verfügung gestanden hätte. Wenn sie mir ihre Schönheit geschenkt hätte und vorübergehend ihre Frömmigkeit, sie hätte mir, da bin ich jetzt sicher, mehrere Jahre Intelligenzgewinn eingebracht. Meine späteren Frauen wären ihr dankbar gewesen.

Ich erfuhr zum erstenmal bewußt, wie man die Lüge vermeiden kann, ohne die Wahrheit preiszugeben und ohne zu schweigen. Ich erlebte abstraktes Formulieren als schützenden Bunker. Die schöne Vierzigerin verhörte mich mit fundamentalistischem Ernst. Sie wollte mehr Verben von mir, Konkreteres, was die Wege unserer Finger betraf und deren Ziele. Nicht nur ich, auch sie war befangen, wagte nicht, konkret zu werden beim Fragen, rückte mit Verben nicht heraus, wie zum Beispiel: »Hat er ihn eingeführt?« Oder: »Was habt ihr an euch gestreichelt?« Ihre Erziehung hatte sie zu einem schmalen Frage-Instrumentarium verdammt. Hilflos wiederholte sie: »*Was* habt ihr gemacht?«, nicht bedenkend, das Verb »machen« taugt nicht viel, ist, was ich ein Pseudoverb nenne: »machen« macht nichts. Wir zogen uns zurück in abstrakte Wahrheit: »Wir haben Unkeuschheit getrieben.« Wir duckten uns hinter die Sprachregelung der Erwachsenen; »Unkeuschheit« war nicht unser Wort, wir schlugen sie mit ihrer eigenen Waffe. Sie: »*Wie* habt ihr das gemacht?« Da war wieder das hilflose »machen«. Wir verharrten verschreckt hinter Verblosigkeit, hinter dem Substantiv, zahlten mit wertloser abstrakter Wahrheitsmünze, gönnten ihr auch einmal ein Verbchen: »Wir haben uns unkeusch berührt.« Sie rannte an gegen unsere Erfindung. Noch heute sehe ich sie vor mir, wie sie nach Formulierungen sucht, uns zu anderen Vokabeln hinüberzuzerren. Ich weiß sie nicht von voyeuristischer Anteilnahme frei, die fromme Schöne hatte es zu stark mit der Unkeuschheit. Hätte sie gefragt: »Habt ihr gefickt? Ja oder nein!« – das Wort »ficken« kannten wir –, wir hätten wahrheitsgemäß geantwortet: »nein«, und sie wäre vielleicht erlöst gewesen. Die Abstraktion ließ sie schwer atmen. Hätte sie gefragt: »War dein Glied steif?«, ich hätte durch Schweigen bejaht.

Beim Schreiben einer Kolumne über das Verhältnis der Zahl von Substantiva und Verben in Zeitungstexten entdeckte ich beim Suchen nach Beispielen auf der ersten Seite einer überregionalen Tageszeitung Sätze, die aus zehn Substantiva bestanden, ohne ein Verb. Das ist möglich, weil es in den mitteleuropäischen Sprachen Hilfsverben gibt.

Solche Sätze zu bilden ist nicht schwierig. »Der Hilfssheriff war ein angesehener Mann bei den Bürgern seiner Gemeinde, er hatte ein großes Ansehen besonders bei den älteren Damen und Herren, es war ihm deshalb möglich, viele der Mitbürger auf seine Seite zu bringen.« Das Verb, das er enthält, »bringen«, ist ein Pseudoverb, wie »machen«.

Je mehr Hauptwörter ein Text im Verhältnis zu den Verben enthält, um so weniger vermag er Leser zu beeindrucken. In dieser Hinsicht unterscheiden sich die verschiedenen

Textmedien nicht voneinander. Das günstigste Verhältnis ist ein Verb auf zwei Hauptwörter.

Hilfszeitwörter saugen mehr Hauptwörter in Sätze, vor allem die Hilfsverben »sein« und »haben«. Es empfiehlt sich zu prüfen, ob ein Hilfsverb vermieden werden kann. Verzichtet man aufs Hilfsverb, ist man gezwungen, ein Verb zu finden – das kommt dem Text zugute. Häufig fangen Autoren ihre Sätze an mit: »Ursache ist ...« oder »Der Grund war ...«.

Beispiel: »Ursache des Unglücks war ein rund 30 Kilogramm schweres Metallteil, das auf den Schienen lag.« Wer sich das halbtote Hilfsverb verkneift und statt dessen nach einem Verb sucht, könnte auf folgende Lösung kommen: »Ein 30 Kilo schweres Metallteil auf den Schienen hatte den Personenzug aus dem Gleis springen lassen.« Noch besser wäre, man könnte das »schwere Metallteil« genauer benennen – Brechstange, Eisenträger. Eine Wendung wie »Ursache war ...« oder »Grund ist ...« grenzt an Schreibstreik. Sie stimmt immer. Das ist zu oft.

Mit dem Hilfsverb ist den Europäern eine Möglichkeit zugewachsen, lange Sätze zu bilden, deren Aussage sich auf die Kürze einer mathematischen Formel reduzieren läßt. Andere Sprachen, wie das Baskische, erledigen das bißchen Mitteilung, das ein Hilfsverb bei uns leistet, durch Vorschalten oder Anhängen einer Silbe ans Verb oder ans Hauptwort. Hilfszeitwörter reden nicht, sie gestatten Rede-Mimikry, ein fortwährendes Vor-sich-Hinbrabbeln, verlängertes Sprudeln von Silben.

»Das-ist-das-Sätze« verweigern die Aussage, wir verstehen das Gelesene nicht und bleiben außerhalb des Geschehens, von dem der Autor annimmt, er habe uns davon berichtet. Auch wer nicht weiß, wovon er redet, kann sagen: »Auslöser für den Kursanstieg der Aktien war der Schneider-Vorstand«. Er kann sagen: »Der Ochse hat Kraft« statt »Der Ochse zieht so und so viele Kilo in der und der Zeit«; »Die Frau hat Charme«, statt zu sagen, was der Charme der Frau mit ihm getan hat.

Oft verwendet man ein Hauptwort, weil man über eine Sache zuwenig weiß. Wer ein Verb verwendet, legt sich fest. Wer ein Verb verwenden will, muß konkreter werden. Die konkretere Form ist immer die bessere. Man frage sich: Geht es konkreter? Wendungen wie »irreparabler Schaden«, »enormer Aufwand«, selbst ein Eigenschaftswort wie »steil« enthalten uns viel vor von dem, was die Wirklichkeit an Einzelheiten anbietet, die man für Verben verwenden kann.

Bei dem Satz: »Die von der Gastronomie bewirtschaftete Landschaft ...« (etwa ein Skigebiet) kann man die Konkretisierungsschraube um eine Windung anziehen: »Die von Hoteliers bewirtschaftete Landschaft ...« Man kann die Schraube weiter drehen, je nachdem, aus welchem Grund man schreibt: »Die Landschaft, bewirtschaftet von Kellnern, Gastwirten, Hoteliers und Andenkenhändlern.« Oder statt: »Er kaufte Käse«, »Er kaufte 200 Gramm Emmentaler«. Das ist länger als das Wort »Käse«, häufig läßt sich der Platz dafür schaffen, indem man Beteuerungsformeln und überflüssige Bindewörter streicht.

Bei der *Suche* nach der konkreteren Form wird einem oft bewußt, daß man zuwenig über einen Gegenstand weiß, man kann nicht konkreter werden. Zweitens: man erfährt, man hat nicht gemerkt, daß man zuwenig wußte. Es ist kein Problem, Seiten über einen Gegenstand zu schreiben, ohne ihn zu kennen und ohne zu merken, daß man ihn nicht kennt. Das Problem besteht vor allem darin, daß Schreiben über das, was man nicht genügend kennt, die Regel ist. Das meine ich nicht ironisch noch moralisch, es handelt sich um eine der Bedingungen unseres Handwerks. Die Wörter drängen aus Terminpanik aufs Papier oder werden hervorgequält, gleichgültig, wie ungenau sie treffen – allein das Längerwerden der Spalte hat etwas Beruhigendes.

Eine Kollegin schrieb folgenden Satz in einer Meldung über Verhandlungen zwischen PLO und der israelischen Regierung:

»Drei Streitpunkte müssen noch geklärt werden: Der Abzug der Israelis, die Freilassung der palästinensischen Gefangenen und die Grenzkontrollen.« Die Autorin hätte gerne gehabt, daß wir verstehen: »Es muß noch entschieden werden, wann die israelischen Soldaten abziehen, wie viele Palästinenser wann freigelassen werden und wer welche Grenze ab wann kontrollieren wird.« Das alles verstehen wir in ihrem Satz nicht. Es bleibt Verständnisschwärze.

Müßten wir nach der Lektüre ihres Textes einem anderen erzählen, was wir verstanden haben, könnten wir nichts erzählen, wir wären gezwungen, ihre Wörter zu wiederholen. Wenn man nichts weiter vermag, als jemanden wörtlich zu wiederholen, dann deshalb, weil man nichts verstanden hat. Die »Streitpunkte« hat Konvention ihr in die Maschine diktiert.

Durch das Tor der Verben erreicht man die Vergangenheit des Lesers. Man findet um so mehr Verben, je besser man seinen Schreibgegenstand kennt. Das Verb ist ein Signal, das Erinnerungen auslöst, die Autor und Leser gemeinsam haben. Die Boulevardpresse, Zeitungen wie die »Bild« und Klatschblätter erreichen auch deshalb höhere Auflagen, weil sie mehr Verben enthalten als andere Tageszeitungen. Zeitwörter sind dynamischer als Hauptwörter, »schlafen« dynamischer als »Schlaf«. Das Verb macht mehr Wirklichkeit bewußt.

Intellektuelle oder solche, die sich dafür halten, erklären, die »Bildzeitung« sei so erfolgreich, weil sie großzügig die »niederen Instinkte« der Leser füttere. Was auch immer »nieder« im Zusammenhang mit »Instinkt« bedeuten mag, eine der Hauptursachen für ihren Erfolg: die Redakteure des Blattes halten sich konsequent an die zwei wichtigsten Grundsätze des Schreibhandwerks. Sie schreiben *knapp* und *konkret*. Ihre Seiten sind radikal nach diesen beiden Kriterien durchgeschrieben. Sie erfüllen eine Erwartung, die zu erfüllen das oberste Ziel jedes Schreibenden sein sollte: der Leser versteht ihre Sätze im Moment, in dem er die Buchstaben erblickt – nicht zwei Zeilen später oder zehn, wie in Tageszeitungen üblich. Das augenblickliche Verstehen spart Aufmerksamkeitsenergie. Das tut gut.

Dieser einfache und wirkungsvolle Grundsatz wird von Redakteuren zuwenig beachtet, wie in folgendem Beispiel: »Nachdem amerikanische Kampfflugzeuge am Sonntag auch von der Türkei aus Angriffe gegen Ziele im Norden des Irak flogen, schloß NATO-Generalsekretär Manfred Wörner einen Gegenschlag Präsident Saddam Husseins mit Raketen auf das NATO-Mitglied Türkei nicht aus.« Zwischen der ersten Silbe »nach« und der letzten »aus« liegen 84 Silben, bis der Leser den Satz ganz verstanden hat. Dafür gibt es keinen Grund außer der schlechten Ausbildung des Autors.

In vielen Fällen erreichen die Redakteure knappe Konkretheit, indem sie Ereignisse falsch darstellen oder vereinfachen. Man kann nicht nur knapp und konkret lügen, man kann auch knapp und konkret die Wahrheit sagen.

Autoren sind gewöhnlich davon überzeugt, sie verstünden, was sie schreiben. Deshalb verstehen Leser nicht jeden ihrer Sätze. Der Schreibende, der sicher ist, daß er seinen Text ganz versteht, nimmt die falsche Arbeitshaltung ein.

In der »Welt am Sonntag« vom 24. 9. 95 finde ich folgendes Beispiel (es gibt keine Zeitung vom selben oder von irgendeinem anderen Tag, in der ich nicht die gleichen Beispiele hätte finden können). Ein Artikel beginnt: »Das wiedervereinigte Deutschland befindet sich im Prozeß einer gewaltigen Umwälzung der Bevölkerung.« Verlangt man von einem Text, der Leser solle im Moment des Erblickens der Buchstaben verstehen, ist dieser Anfangssatz überflüssig. Er kündigt eine Aussage an. Ich schätze, zehn Prozent der öffentlich geschriebenen Texte bestehen aus Ankündigungssätzen, aus Sätzen, die *der Autor braucht*, um mit seinem Thema vertraut zu werden – das ist, was diejenigen meinen, die sagen, sie müßten sich »warmschreiben«. Das Sichwarmschreiben hilft dem Autor, durch den Schreibvorgang herauszufinden, was er sagen will. Er sollte die Hilfen aber nicht stehen lassen, er sollte die Leser mit seinen Denkprothesen nicht von dem ablenken, was er zu sagen hat, sie nicht aufhalten dabei, seine Botschaft zu erfahren; auch sie nicht erst zu seiner Botschaft hinführen wollen.

Nimmt man den Satz ernst, heißt er, Deutschland wälzt sich, weil oder während die Bevölkerung sich wälzt, was auch immer »Deutschland« sein mag; sie wälzen sich gleichzeitig. Das meint der Autor nicht, auch wenn er es schreibt. Einzelne wälzen sich, vielleicht pro Tag zwanzigtausend, in Schlaflosigkeit, vor Schmerzen im Krankenhaus oder aus Liebeskummer. Die Überschrift sagt: »Über 13 Millionen Menschen ziehen in diesem Jahrzehnt nach Deutschland.«

Das Bedürfnis von Schreibenden, durch Wörter zu dramatisieren statt durch Darstellung, verführt sie, abstrakt zu werden. In konkreterer Form würde die Unglaubwürdigkeit ihrer Aussage sogleich zutage treten. Es wälzt sich nichts um, elf Millionen kommen herein zu den 80 Millionen in Deutschland, andere gehen hinaus, 6,64 Millionen, wie manche vermuten, die darüber nachgedacht haben. Dann sterben Menschen, Menschen werden geboren. Es werden, wie der Autor des Berichtes mitteilt, nicht ganz viereinhalb Millionen mehr Menschen in Deutschland leben als heute, und es werden auch andere Deutsche sein.

Hätte der Autor geschrieben: »Die meisten der Menschen, die auf dem Territorium von Deutschland leben, essen in zehn Jahren kein Schweinefleisch mehr, dafür Kaninchen und Hammel; sie werden Kirchen abreißen, Moscheen bauen; die meisten werden rumänisch, türkisch, kroatisch, russisch, serbisch sprechen« – die Leser hätten die Behauptung bezweifelt. Mit einer Art Wortgattung kann man solche Dinge andeuten, ohne konkret zu werden: ich nenne solche Vokabeln Pseudoverben. Mit Pseudoverben kann man die absurdesten Behauptungen aufstellen, ohne daß die Absurdität sichtbar wird. Sie stoßen nicht an, weil sie keine Wirklichkeit enthalten.

Mit dem Terminus Pseudoverb möchte ich sagen, die herkömmliche grammatische Ordnung zeigt die Fähigkeit von Wörtern nicht genau genug: Verb ist nicht gleich Verb. Das Verb »bringen« macht nicht soviel mit mir wie zum Beispiel das Verb »schmatzen«, das Verb »ausbeinen«. Wer durch Schreiben erreichen möchte, daß ihn mehr Leser um einen weiteren Satz anflehen, wird mehr Erfolg haben, wenn er die Wörter für seine Sätze daraufhin abhorcht, ob sie im Leser – das heißt, im Autor – stärker vibrieren oder weniger stark vibrieren. Form und Inhalt sind nicht zu trennen, aber ob eine Vokabel stärker vibriert oder schwächer, hängt nicht vom Inhalt ab, es hängt davon ab, wie genau sie den Inhalt trifft.

Ich nenne Pseudoverben Verben, die kein Bild auslösen. Beispiele: das und das »wirkt«, »beträgt«, »macht aus«, »setzt voraus«, »erschwert«, »ergibt«, »es geht um« und Hunderte anderer. In einem Text aus »RTL-Aktuell« über

Sportnachrichten fand ich eine Passage aus 60 Wörtern, darunter ein Zeitwort. Auch die Ausnahme war kein richtiges Verb. Es handelte sich um die Vokabel »zählt« in der Formulierung: »... der Stürmer zählt zu den heißesten Kandidaten ...« Dieses »zählen« hat dieselbe Funktion wie das Hilfsverb »ist«. »Ist« läßt sich meist ersetzen durch das mathematische Zeichen »=« (»ist gleich«), ohne daß die Verständlichkeit darunter litte. Derart abstrakte Form der Mitteilung ist kein Text mehr, demonstriert Abwesenheit von Sprache. Das Beispiel erscheint extrem, beim Durchblättern von Manuskripten derselben Sendung fand ich einen Fall mit 45 Wörtern ohne Verb außer dem Pseudo-Verb »greifen« in der Formulierung: »... greifen die Rot-Weißen nach den Sternen ...« »Befinden sich« heißt nichts anderes als »ist«.

Auch »ist-gleich«-Sätze können in Ausnahmefällen reizvoll sein: »Das Verb ist der Muskel des Satzes.« Verben – wie »einspeicheln«, »graben«, »abbürsten« machen den Leser leben. Sie machen ihn leben durch Wiederholungen von Erlebnissen im Kopf, die er kennt. Er findet sich durch Verben.

»Der Ölverbrauch beträgt«, kann heißen: »Die Familie Xantinger verbrennt Öl, um das Haus warm zu halten«, oder »Familie Xantinger verschwendet, verschenkt, schüttet weg«. Das Verb »kommen« kann heißen, er fährt vor mit einem Rolls Royce, er bricht die Tür auf, jemand entwickelt ein Kunstherz, »es kommt« auf den Markt. Wer Verben verwendet wie »voraussetzen«, »erschweren«, »ausmachen«, »gelangen«, würde seinen Text an manchen Stellen attraktiver machen, wenn er nach der konkreteren Form suchte. Ich plädiere nicht dafür, Wörter abzuschaffen.

Vom Energieverbrauch durch Aufmerksamkeit

Wir verwenden zu viele Wörter. Es gab einmal den Spruch der Bahn: »Alle reden vom Wetter. Wir nicht.« Werbetexter denken gründlicher über die Wirkung von Wörtern nach als Zeitungsredakteure. Das hat mit ihrer stärkeren Motivation zu tun. Die besten von ihnen sind moderne Lyriker. Der Autor der beiden Kürzestsätze hat jede Silbe auf ihre Wirkung geprüft, er hat getan, was die Verfasser von Agentur-Meldungen tun sollten. Werbetexter werden dafür bezahlt, daß sie mit Wörtern Menschen verführen, etwas zu tun, was sie sonst nicht tun würden: einen bestimmten Gegenstand kaufen. Der Autor von Werbetexten verlangt mehr von seinen Lesern als der Zeitungsredakteur von seinen. Er verlangt nicht nur, daß sich der Leser auf seinen Text konzentriere, er verlangt von ihm, daß er handle.

Ein Wort mehr hätte den Satz zerstört: »Alle reden vom Wetter. Aber wir nicht.« Oder: »Der Tag geht, Johnnie Walker jedoch kommt.«

Wörter werden oft ausgelöst wie ein Scheibenwischer, wenn man den Hebel unbeabsichtigt berührt. In einer Anzeige des dtv-Verlages las ich: »Es gibt modernere, reicher kommentierte Goethe-Ausgaben als die Sophien-Ausgabe ...« Die meisten erwarten jetzt ein Komma und nach dem

Komma ein »aber« oder ein anderes Bindewort wie »jedoch«, »weil«, »denn«. Der Text der Anzeige funktioniert anders: »Es gibt modernere, reicher kommentierte Goethe-Ausgaben als die Sophien-Ausgabe. Umfangreichere gibt es nicht.«

Der Satz leitet einen Vorbehalt ein, er ist so konstruiert, daß der Leser am Ende eine Relativierung erwartet. Der Fehler des »aber«-Autors läge darin, daß er an die Stelle, wo der Leser die Relativierung erwartet, ihm mit dem »aber« sagt: »Achtung, jetzt kommt gleich eine Relativierung!« Das erinnert an den Beifahrer, der einem, nachdem man den Blinker eingeschaltet hat, aufgeregt zuruft, Achtung, du mußt jetzt abbiegen!

Der Leser spürt das Kleinkarierte solcher Konjunktionen. Er spürt, daß er mit der Fassung: »Umfangreichere gibt es nicht«, als Intelligenzpartner ernster genommen wird, daß der Autor mit ihm von gleich zu gleich kommuniziert. Vor die Wahl gestellt, mit dem »aber«-Autor oder dem Nicht-»aber«-Autor eine Reise durch den brasilianischen Urwald zu riskieren, würde ich mich für den Menschen entscheiden, der das Lob auf die Verlagsware in lapidarer Weise vorbringt und der sich aus der Gewalt des Wortes zu befreien wußte. Er erscheint mutiger und sensibler. Beim »aber«-Autor würde ich argwöhnen, ein solcher Mensch könnte mir im Dschungel die Tage und Nächte verbittern mit Betulichkeit, Kleinmut und Rechthaberei.

»Verständnishilfen« wie »aber«, »hingegen«, »jedoch«, »obgleich«, »gleichwohl«, »trotzdem«, »auch« und »weil«

braucht der Autor, nicht der Leser. Das Nachgeben des Autors gegenüber dem »aber«-Sog hat etwas von einem Laster.

Bindewörter müssen unverzichtbar sein, so unverzichtbar, daß ihr Fehlen mißverständlich wäre – sonst sind sie Regieanweisungen an den Leser. Der Autor sagt damit, wie der Leser die folgende Passage lesen solle. Wer die Intelligenz des Lesers niedriger einstuft als seine eigene, beleidigt ihn. Die Botschaft kommt immer an. Sie muß nicht des Lesers Bewußtsein erreichen, erreicht es auch selten. Es genügt, daß der Leser das Unterschätztwerden spürt. Statistisch gesehen ist die Sorge von Journalisten, sie könnten intelligenter sein als ihre Leser, ziemlich unbegründet. Der Redakteur ist besser informiert, der Leser ist nicht dümmer.

Anderen wenig zuzutrauen heißt, sich selbst wenig zuzutrauen. Eine Form der Dummheit besteht darin, andere für dumm zu halten.

Die innere Haltung des Hinunterschauens auf Leser läßt langweiligere Texte entstehen. Man schreibt anregender, wenn man sich die Leser an der oberen Grenze der eigenen Intelligenz angesiedelt denkt.

»Unter den Opfern sind viele Kinder« ist um ein Geringeres stärker als: »Unter den Opfern sind auch viele Kinder.« Wörter wie »auch« und »aber« gibt es, weil man sie braucht. Sie können nicht immer mißbraucht werden als »Füllwörter«. Manchmal sind sie für das Verständnis notwendig: »Die Armaturen im Bad waren aus massivem Gold, die Wohnung war billig.« Ohne »aber« ist der Satz verwirrend. Die Bezeichnung »Füllwort« läßt in die falsche Richtung denken. Als gäbe es eine Lücke, wenn es fehlte, wie bei der Verwendung von Füllstoffen; und als ließe ein »Füllwort« das Textmaterial in seiner Umgebung unbeeinflußt – wie eine Porzellanfüllung den Zahn nicht verändert. »Füllwörter« beschädigen Sätze. Man sollte die Vokabel »Füllwörter« ersetzen durch »Spreizwörter«.

Das »aber« im Satz von der Goethe-Ausgabe ist ein Beispiel für die Kraft der Konvention. Noch ehe im Autor die Absicht entstehen kann, das »aber« (»auch« etc.) zu schreiben, steht es auf dem Papier (»steht es schon auf dem Papier«). Man sollte sich zur Gewohnheit machen, sobald man die erste Fassung vor sich liegen hat, nach den Regieanweisungen zu suchen, und sie streichen, wo immer Verständlichkeit nicht verloren geht. In der ersten Fassung sind sie so sicher vorhanden wie Bakterien vor der Desinfektion.

In der Wochenend-Ausgabe der »Süddeutschen Zeitung« vom 29. Juni 1992 schildert ein Redakteur im Lokalteil, wie Adolf Hitler und einige seiner Parteigenossen siebzig Jahre zuvor in München eine Veranstaltung des »Bayernbundes« sprengten. Ich erfahre von der bewußt brutalen Besessenheit Hitlers, an die Macht zu kommen, und von der Milde der bayerischen Justiz gegenüber rechtsradikalen Verbrechern. Als Hitler in das Gefängnis von Stadelheim eingeliefert wurde, brachte er eine Pistole und 16 Patronen mit. Die Waffe wurde ihm bei der Entlassung nach vier Wochen zurückgegeben. Der Lauftext nimmt ein Drittel der Zeitungsseite ein. Ich bekam die Geschichte nicht, ohne daß ich den Preis einer überflüssigen Sonderabgabe an Aufmerksamkeit bezahlen mußte. Der Redakteur zwang mich, mich durch fünfzig Regieanweisungen zu lesen, fünfzigmal: nun, nur, gleich, viel, höchst, schon, aber, bereits, damals, auch, daher, übrigens, daraufhin, dagegen, dann, so usw. Ich las den Artikel mit einiger Verdrießlichkeit, weil ich ein Stück meiner Lebenszeit mit dem Dilletantismus des Schreibers verplempern mußte und weil er mich für dümmer hielt als sich selbst und dreimal soviel Geld bekommt wie ein Müllräumer, trotz seines angenehmeren Lebens. In all den fünfzig Fällen hätte der Artikel an Frische, Tempo und Überzeugungskraft gewonnen, hätte der Redakteur auf Regieanweisungen und Beteuerungsformeln verzichtet. In keinem Fall wäre der Eindruck formalistischer Verknappung entstanden oder Stottersprache, wie das in bestimmten Publikationen gepflegt wird.

Ich bin nicht gegen lange Sätze. Ich bin nicht gegen kurze Sätze. Ich bin nicht für lange Sätze. Ich bin nicht für kurze Sätze.

Wäre ich einer der Gesellschafter der Zeitung, ich würde den Chefredakteur fragen, wie er sich das denkt, daß ich jeden Tag Geld verliere, weil er den Platz mit Fehlwörtern bedrucken läßt, den ich an Anzeigenkunden hätte verkaufen können.

Der Bericht enthielt noch andere Schwächen. Ich hätte ihn gelesen, wenn er noch schlechter geschrieben gewesen wäre. Die Unfähigkeit des Redakteurs wurde durch mein Interesse am Thema ausgeglichen. Ich würde einen Text, den man »Zahlungsanweisung« nennt und der an mich gerichtet ist, auch mit Interesse lesen, ohne Rücksicht auf dessen stilistische Schwächen.

Jemand, der versucht, Schreibende zu überzeugen, daß jedes unwichtige »hingegen«, »allemal«, »weil« die Erlebnisintensität eines Textes verdünnt, trifft bei manchem Redakteur auf Widerstand. Schreibende hängen an überflüssigen Bindewörtern, sie glauben, durch sie zu verführen. Eines der Argumente, die ich häufiger höre, lautet: Mit Bindewörtern klänge der Text »flüssiger«. Wer dieser Logik anhängt, setzt voraus, die Eigenschaft eines Textes, »flüssig« zu sein, sei ein Vorteil. Versucht man herauszufinden, worin das »Flüssige« eines Textes bestehe, kommt man weiter, wenn man nach dem Gegenteil sucht. Das Gegenteil wäre das Spröde, Brüchige, Lapidare, mit einem Wort, unerwartete Lese-Erlebnisse. Das »Flüssige« ist, was einen nicht überrascht, was man in sich hineinlaufen lassen kann, ohne Einladungen, das eine oder andere Ding neu zu sehen. Ein Autor, dessen Text man bescheinigt, er sei flüssig geschrieben, sollte sich nicht gelobt vorkommen. Ein Volontär hielt mir entgegen: »Aber die Leser erwarten doch solche Wörter.« Damit hat er recht. Das bedeutet nicht, daß es die Leser erfrischt oder befriedigt, wenn solche Wörter dann kommen. »Nicht im atemlosen … Hasten über die Zeilen verwirklicht sich die wahre Kunst des Lesens, sondern in den Momenten des Innehaltens: Wenn der Blick sich hebt vom Buch, das Denken abhebt vom Geschriebenen. Dann kann nachklingen, was da schwarz auf weiß steht. Es gilt den Text auszukosten, wie Bloch es liebte oder Barthes.« (Fritz Göttler in einer Besprechung des Buches »Über Sprache und Stil« von Hans-Martin Gauger in der »Süddeutschen Zeitung« vom 8. August 1995).

Autoren berufen sich gerne auf die »Geschmacksfrage«. Es ist keine Geschmacksfrage, ob ich schreibe: »Alle reden immer wieder gerne vom Wetter. Wir wiederum nicht« oder: »Alle reden vom Wetter. Wir nicht.« Ein überflüssiges Wort ist nicht überflüssig, es ist falsch.

Konzentriert man sich auf einen Text, gibt man Energie aus, wie wenig auch immer. Wer krank ist oder müde, merkt, Konzentration kostet Energie. Jedes Lebewesen ist auch ein ökonomisches Wesen. Es möchte mit geringem Aufwand viel erreichen. Lebewesen nehmen Anstrengungen auf sich, um dafür etwas zu bekommen – Zärtlichkeit, ein Stück Fleisch, warme Socken, eine Erheiterung oder eine Neuigkeit. Die Belohnung – der Erfolg – besteht darin, man erfährt, was man nicht wußte; man versteht, was man nicht verstanden hat; man genießt sich durch Lachen oder Weinen. Die Belohnung besteht aus Erlebnissen, die Erlebnisse werden von Buchstaben erzeugt.

Die unterschiedliche Wirkung von Wörtern wird von den meisten Schreibhandwerkern nicht bewußt genug eingesetzt. Der Maler, der neben eine gelbe Linie einen violettblauen Fleck setzt, tut dies mit bestimmter Absicht, er müßte eine andere Absicht haben, wollte er einen hellblauen Fleck neben die Linie setzen. Mit derselben Absichtsklarheit sollten Dichter und Journalisten jedes Wort setzen, das würde sie gegen die Gewalt der Konvention sichern und den Lesern mehr Erlebnisse verschaffen. Das gilt unabhängig vom Inhalt. Man kann bei jeder Art Inhalt Hauptwörter ersetzen durch Verben, Regieanweisungen reduzieren, ein Bild setzen an die Stelle eines abstrakten Herdes.

Leser halten sich für »unpolitisch«, weil sie in politischen Texten nichts von sich finden.

Die Forderung, knapp und konkret zu schreiben, ist leicht mißzuverstehen. Ökonomische Schreibweise schafft keine Stummelsprache. Autoren, die für ihre langen Sätze bekannt sind, wie Thomas Mann, Marcel Proust oder William Faulkner, haben gezeigt, man kann Sätze über eine halbe Seite laufen lassen, ohne daß in ihnen ein Wort zuviel enthalten wäre. »Hackfleischdeutsch« kommt nicht zustande, indem man überflüssige Wörter wegläßt.

In der ersten Fassung einer Reportage über die Geschichte der Stadt Palma de Mallorca schrieb ich: »Dieser merkwürdige Wasserlauf ...« Aus dem Text ging hervor, einen anderen Wasserlauf gab es nicht. Ich änderte den Satzanfang: »Der merkwürdige Wasserlauf ...« Wo der bestimmte Artikel genügt, verlangt das hinweisende Fürwort vom Leser, Aufmerksamkeitsenergie zu vergeuden. Jeder Leser spürt, wenn auch unbewußt, den Unterschied.

Ein Wort, das nichts aussagt oder eine Aussage wiederholt, ist optische Wiedergabe eines sinnlosen Geräusches. Wenn Texte langweilig sind, dann weil zu viele Zentimeter optischer Geräuschaufzeichnungen in ihnen vorkommen. Das ist bei Zeitungen besonders grotesk, weil Redakteure aller Zeitungen klagen, sie hätten zuwenig Platz auf ihrem Papier.

Beteuerungsformeln

Einem Leser zu versichern, ein Ding oder was auch immer sei *riesig,* ist ungefähr so klug, als wolle ich einen Güterwagen auf dem Abstellgleis durch Anschreien in Bewegung setzen. Beteuerungsformeln sind Fehler, die dem Text Kraft nehmen. Wann immer wir etwas sagen, beteuern wir. »Der fuhr wahnsinnig schnell«, »sie machte einen Riesenaufwand«, »er war völlig durcheinander« sind Feststellungen, die nie stimmen.

Das Bedürfnis, zu beteuern und zu übertreiben, gehört zu unserem Wesen. Wir wünschen uns wenige Dinge so sehr, wie daß man uns glaube. Wir identifizieren uns mit dem, was wir sagen oder schreiben. Wer uns nicht glaubt, verletzt uns. Er will ein Stück von uns nicht in der Welt wissen. Das Bedürfnis, man möge uns glauben, das heißt, alles von uns lieben, zumindest wohlwollend zur Kenntnis nehmen, läßt uns keine Ruhe.

Es ist keine Schande, geliebt werden zu wollen; Texte verlieren an Faszination, wenn man dem Verlangen durch Beteuerungen nachgibt. Leser lassen sich durch Beteuerungen nicht in Bewegung setzen. Wer beteuert, läßt kalt, im schlimmsten Fall weckt er Mißtrauen. Eine Freundin braucht uns nur lange und heftig genug zu versichern, sie habe nichts mit dem Nachbarn Josef, und schon denken wir, sie habe etwas mit dem Nachbarn Josef.

Was beim Sprechen durch Außersprachliches unterstützt wird, wie durch Körpersprache, Stimme, Augenkontakt, bleibt im gedruckten Text Verdünnung.

Eines der Wörter, das Autoren am häufigsten bemühen in der Hoffnung, damit zu beeindrucken, ist neben *sehr* das Eigenschaftswort *riesig*. Es ist erstaunlich, wie oft ein Mensch am Tag die Inflationsvokabel »riesig« während des Schreibens – und Lesens – aushält. Autoren sollten sich dazu anhalten, in Texten – eigenen und fremden – nachzuzählen, wie oft dieses beteuernde Partikel (und andere Beteuerungsformeln) vorkommt, um sich gegenüber solchen Texthohlräumen zu sensibilisieren.

Autoren neigen nicht erst dann zu Beteuerungen, wenn sie erregt sind, sie beteuern vor allem, weil sie nicht erregt sind. Sie hoffen gegen ihre Erregungsunwilligkeit, ihre Leser ließen sich durch ihre Erregungsmimikry bestechen und erregten sich. Erregung ist immer Antwort auf eine Wirklichkeit. Beteuerung kann Wirklichkeit nicht ersetzen. Schreibe ich, die Ameisen waren so groß wie ein Schweizer Taschenmesser, erregt das die Leser stärker, als wenn ich schreibe, die Ameisen waren *riesig*.

Ist eine Sache, eine Person oder ein Vorgang so ungewöhnlich, daß der Autor davon beeindruckt ist, läßt sie sich so darstellen, daß auch der Leser beeindruckt ist. Der Autor sollte sich nicht damit begnügen zu schreiben, eine Sache sei *hin-*

reißend gewesen, er sollte die Sache – den Vorgang, die Person – so darstellen, daß der Leser sagt, das war hinreißend. Was an Energie beim Schreiben nicht in den Text gesteckt wird, kommt beim Leser an Unterhaltung nicht heraus.

Eine konkrete Einzelheit übertrifft an Wirkung jede Beteuerung. Ich kann dem Leser versichern: »Die Hänge waren sehr steil«, »die Hänge waren irrsinnig steil«, aber es entsteht in ihm kein Bild. Das ist anders, wenn ich schreibe: »Die Kühe grasen mit erhobenen Häuptern, schlucken nicht von unten nach oben. Ein Bauer schwingt die Sense in Augenhöhe, Steigeisen an den Füßen. Wer pflügt, pflügt mit einem Bein geknickt, eines gestreckt.«

Ein möglicher Einwand für die Beteuerung und gegen die Darstellung besteht in dem Argument, die Darstellung beanspruche mehr Platz als die Beteuerung. Wenn ich alle Regieanweisungen und Beteuerungsformeln streiche, gewinne ich genug Platz für konkrete Einzelheiten. Da Beteuerungsformeln nicht informieren, ist der Platz, den sie im Text einnehmen, ohnehin verloren. Ich gewinne häufig Platz dadurch, daß ich jene Stellen neu formuliere, in denen ich mit anderen Worten zweimal dasselbe gesagt habe. Das geschieht häufig, weil ich mit der ersten Formulierung nicht ganz zufrieden bin und durch Wiederholung versuche, deutlicher zu werden. Man schreibt sich durch mehrere Sätze an die eigentliche Aussage heran. Das braucht man, um die eine treffende Formulierung zu entwickeln.

»Eine Teilung der Stadt ist für die Moslems undenkbar«, das ist sachlich falsch, denken kann man alles. In seinem

Beteuerungseifer verfehlt der Autor die Sache. Er hätte zum Beispiel schreiben können: »Die Moslems werden sich mit der Teilung der Stadt nie abfinden«, aber schon das »nie« ist nicht seriös, richtiger wäre: »nicht«. Oder: »Die Moslems werden versuchen, die Teilung zu verhindern, auch unter Opfern an Eigentum, Gesundheit und Leben.«

Ein RTL-Autor schrieb: »Die Ermordung des populärsten Präsidenten aller Zeiten.« Bedenkt man die zweihundert Jahre, die seit der Präsidentschaft George Washingtons vergangen sind, ist die Floskel »aller Zeiten« zu groß. Als wäre der Autor der Nachrichtensendung von dem Großwort berauscht gewesen, verwendete er in der Sendung die Wendung noch einmal: »Kennedy war der beliebteste Präsident aller Zeiten …« Als die Nazi-Propaganda während des Zweiten Weltkriegs Hitler pries als den »größten Feldherrn aller Zeiten«, wurde der Beteuerte im nüchterneren Volksmund zum »Gröfaz«.

Eine FDP, die in einer Krise steckt, hat es schwerer als eine, die in einer »regelrechten« Krise steckt. Auch Wörter wie »schon« und »bereits« sind Partikel der Beteuerung, die meist den Text belasten und ihm Frische nehmen. Das nicht so Wichtige soll durch *Wörter* wichtiger erscheinen. Redakteure, die sich auf den Versuch einlassen, mit Beteuerung Dinge größer zu machen, können nicht gewinnen. Ihr Versuch ist der Form nach tragisch, weil sie ihr Scheitern um so mehr fördern, je mehr sie sich anstrengen – wie die Maus im Rachen einer Viper um so schneller in deren Magen landet, je heftiger sie zappelt. Der Autor sollte, wenn die erste Fassung vor ihm liegt, die Beteuerungsvokabeln gleich herausharken. *Sie sind immer da.* Ebenso wie die Regieanweisungen.

In der »Welt am Sonntag« vom 19. August 1995 steht auf der Autoseite ein Artikel über einen Wagen aus dem Hause Chrysler. In den drei nicht ganz handhohen Spalten kommt viermal das Wörtchen »stets« vor. Eine Kleinigkeit, sollte man meinen, doch in solcher Häufung verliert der Autor an Autorität. Es gibt in handwerklichen Dingen keine Kleinigkeiten. Wenn alles »stets« passiert, kann etwas nicht stimmen. Der Chrysler »bewahrt seine Insassen auf opulenten Lederfauteuils, stets aufs angenehmste klimatisiert und schallisoliert vor« dem Verkehrs-Ungemach. Ohne »stets« bewahrt der Wagen die Insassen besser. Auch die Wendung »aufs angenehmste klimatisiert« ist ein belastender Superlativ, die Leserphantasie hat mehr Spielraum ohne die Beteuerung.

Ein anderer Satz heißt: »Im stets vom Verkehrsinfarkt geplagten New York ...« Das ist nichts anderes als Beteuerungskonvention. New York wird nicht vom Verkehrsinfarkt geplagt, und »stets« schon gar nicht. Abgesehen davon, daß »Verkehrsinfarkt« ursprünglich ein gelungenes Bild war und dadurch immer noch viele Autoren finden, es könnte sie adeln, wenn sie sich den guten Einfall zunutze machen; abgesehen davon, daß sie nicht bedenken, daß die Wiederholung an sich jeden guten Einfall entwertet. Hundertmal den Schlußchor der Neunten hören macht ihn zum Schlager. New York stirbt nicht am Stau, es lebt so sehr, daß derselbe Autor es nennt »die pulsierendste Stadt der Welt«, was auch immer eine Steigerung des Partizips präsens des Verbs »pulsieren« bedeuten mag.

In einem Bericht über Kuba in der »SZ« vom 2. Juni 1995 kommt der Satz vor: »Fast-Food-Restaurants sind in den letzten Monaten wie Pilze aus dem Boden geschossen.« Die Wendung »Die Pilze wurden vom Regen aus dem Boden gestampft« würde mehr Logik enthalten; auch mehr als die abgegriffene Wendung, die behauptet, man könne Häuser aus dem Boden stampfen, wo man doch in den Boden nur etwas hineinstampfen kann. Das Bild ist verbraucht und falsch, wie schnell Pilze auch immer wachsen mögen, zu sagen, »sie schießen«, überdehnt legitime Übertreibung. Übertreibungen können produktiv sein, solange sie sich nicht zu weit von der Wirklichkeit entfernen. Aus dem Deutschen Museum in München wurden 28 kostbare Uhren gestohlen. Ein »AZ«-Autor schrieb: »Die Museumswächter hatten zu schwache Funkgeräte! Nur deshalb verging eine geschlagene halbe Stunde, bis der Millionenraub endlich entdeckt und die Polizei gerufen wurde.« Schon das Ausrufezeichen ist eine Bevormundung des Lesers durch Anschreien. Das »nur« ist Beteuerung und Kommentar. Das »geschlagene« zeigt dem Leser, daß der Autor sich der Bereitschaft nähert, Fassungslosigkeit zu spielen, in dem Wunsch, der Leser würde dadurch fassungslos. Die Unikate hatten einen Wert von 5 Millionen Mark, die Diebe waren damit »über alle Berge« – den einen oder anderen Berg werden sie schon übersehen haben.

»Ein Restaurant bietet ein breites Angebot, für jeden Geschmack« (falsch) »und jeden Geldbeutel« (falsch),

»vom gemischten Fischteller für zwei Personen und stolzen 80 Mark« usw. Achtzig Mark sind »stolz«, und ein Fünfliter-Motor von Chevrolet »leistet satte 345 PS«.

Wer Anzeigen in Zeitschriften nach Beteuerungen absucht, stellt fest, die großen Marken erlauben ihren Werbetextern keine Marktschreierei. Marktforschende Psychologen, durch Erfolgshonorare motiviert, haben getestet, welche Art der Ansprache Menschen zum Kaufen verleitet. Sie fanden heraus, was wenige überraschen dürfte, den Menschen ist Verläßlicheres lieber als Versprechen. Die großen Marken halten sich daran. Sie beteuern selten, meist stellen sie den Nutzen ihrer Produkte heraus, wie zum Beispiel die amerikanische Fluggesellschaft »Delta Airlines« in einer Anzeige im »Spiegel«: »Delta fliegt von mehr europäischen Städten in die USA als jede andere Airline. Große Worte? Nein. Delta fliegt von 30 europäischen Städten in 20 Ländern mit 220 Nonstop-Flügen in die USA. Woche für Woche. Und von unseren sieben Drehkreuzen in den Staaten bringen wir Sie zu 247 weiteren Zielen in den USA. So viel zur Quantität. Und die Qualität? Wir könnten uns jetzt natürlich lang und breit über unsere Fanpost auslassen. Aber wir denken, Sie interessieren sich eher für die Briefe, die wir nicht bekommen. Nach Angaben des US-Verkehrsministeriums erhält Delta weniger Beschwerden als jede andere US-Airline mit internationalem Streckennetz (und das gerade in einem Land, in dem man sich oft und gern beschwert). So ist das seit 1974, Jahr für Jahr. Bei 87 Millionen Fluggästen jährlich spricht das schon irgendwie für uns. Bevor Sie also das nächste Mal in die USA fliegen, sprechen Sie mit Ihrem Reisebüro, oder rufen Sie uns an.«

Andere Firmen begnügen sich mit einer Abbildung ihres Produktes, ihrem Namen und einem Statement, mehr oder weniger lapidar, mehr oder weniger witzig, wie die Zigarettenmarke Philip Morris: »Guter Geschmack ist keine Frage der Werte« oder die Whisky-Marke: »Glenfiddich ist die Zeit, die Ihnen gehört«. Porsche zeigt in einer Zeitschrift die Heckansicht des »Carrera« und wirbt mit dem Text: »Autobahn, 6. Gang, 130 km/h, 3000 U/min. Der Boxer liefert exakt 28,5 kW/39 PS. Jemand zieht mit 6000 U/min. und 84 kW/115 PS an Ihnen vorbei – und freut sich. Sie lassen die restlichen 171,5 kW/233 PS wo sie sind – im Heck – und freuen sich auch.«

In einer RTL-Aktuell-Meldung textete jemand: »Das deutsche Team ist haushoher Favorit.« Das Charakteristische an Beteuerungen ist, daß sie aus abgegriffenen Wendungen bestehen, das heißt, doppelhaushoch unglaubwürdig sind.

Wäre ich Chefredakteuer einer Zeitung, ich setzte beteuernde Abgegriffenheiten wie

»sintflutartige Regenfälle«
»wie durch ein Wunder«
»ganz Amerika«

auf eine schwarze Liste. Wenn ich könnte, würde ich Computer mit einem Geheimcode programmieren lassen, so daß diese solche Wortfolgen nicht hergäben, es sei denn, man bräuchte sie für eine Parodie.

Es gibt die Geschichte von einem Jungen, der seine Eltern von Zeit zu Zeit erschreckte, indem er um Hilfe schrie. Eines Tages geriet er mit einem großen Schäferhund zusammen. Der Hund verletzte den Jungen so schwer, daß dieser im Krankenhaus starb. Als der Junge um Hilfe gerufen hatte, dachte die Mutter, heute schreit er besonders gut. Beteuerung und Übertreibung entwerten Aussagen. Gefälschte Begeisterung läßt kalt.

Über die Hilflosigkeit beim Suchen nach einem Synonym

Wer darauf zählt, während der vergangenen fünfzig Jahre sei ein Artikel in deutscher Sprache über Hunde erschienen ohne das Wort »Vierbeiner«, der sollte lieber keine Wette eingehen. Der Leser, der prüft, wie viele Synonyme ihm einfallen für »Hund«, wird vier Beispiele finden und dann Hilflosigkeit in sich aufkommen spüren. Man lasse 100 Redakteure über Fahrräder schreiben: neunzig von ihnen werden den »Drahtesel« bemühen. Das Problem des Autors entsteht durch seine Einstellung zum Problem, *er* ist die Ursache der Schwierigkeit, nicht ein Mangel des deutschen Wortschatzes. Er betrachtet Sprache als einen staatlich bewachten Vorratsschrank, dem er von der Schulbehörde genehmigte Wörter entnimmt und die er daraufhin ausprobiert, ob sie auf das passen, was er ausdrücken möchte.

Er geht von Wörtern zur Sache statt umgekehrt.

Nicht immer sind es einzelne Wörter, die er sich greift, oft faßt er in Fächer, in denen Wörterpaare liegen (»gemeinsame Sitzung«) oder Teile von Sätzen (»sie flüchteten in hellen Scharen« – ein TV-Reporter: »sie kamen in immer helleren Scharen« –, »in mühevoller Kleinarbeit«, »nach Strich und Faden«, »spät kommt er, aber er kommt«), die er nur zusammenzustecken braucht, um aus ihnen Sätze zu machen. Nicht immer passen die Wörter und Satzsteckteile genau, die er in den Schachteln vorfindet. Eine seiner häufigsten Haltungen beim Schreiben ist das Sichzufriedengeben. Das Verlangen nach Ruhe legt sich über seine Schreiblust. Er vermutet den Gegner in angeborener Talentlosigkeit, gegen diesen kann er nie gewinnen. Vom Kampf um ein Urteil verbraucht, nimmt er, wovon er glaubt, daß es sich ungefähr decke mit dem, was er sagen wollte. Das Ungefähre ist charakteristisch für konventionelle Formulierungen, das Ungefähre ist das Langweilige.

Der Autor, der sich zufriedengibt, rechtfertigt das Ungefähre seiner Formulierungen gerne mit dem Argument, der Leser wisse, was gemeint sei. Das stimmt oft. Es kommt nicht darauf an, daß der Leser weiß, was der Autor *gemeint* hat, es sei denn, es handelt sich um einen Kommentar. Formulierungen, die das, wovon der Autor berichtet, nur ungefähr wiedergeben, enttäuschen auf ähnliche Weise wie Fotografien mit ungewollt verschwommenen Konturen. Die Unschärfe macht mich ungeduldig. Ich will etwas erkennen und erkenne es nicht. Wenn ich es nicht genau wissen darf, will ich es gar nicht wissen (auch das ist eine Definition für Langeweile). Das Ungefähre ist nicht erlebbar. Es ist die Scharfeinstellung des Vokabulars, die den Leser erlöst.

Jeder, der schreibt, hat schon einmal entnervt ausgerufen: Wie soll man es denn *sonst* sagen? Das »Sonst« gibt es immer. Der Ursprung des Vokabulars sind Autoren. Durch die vielen, die sich der Sprache bedienen, verändert sie sich wie ein Organismus; Regeln werden sinnlos, Bilder verbrauchen sich, Wörter verändern ihre Bedeutung. Der »Vierbeiner« ist irgendwann einmal von einem einzelnen mit Namen und Adresse erdacht worden. Vielleicht hat er nicht einmal an einen Hund gedacht, die Kuh ist ein Vierbeiner und der Feldhase. Kaum war das neue Wort ins Sprachleben entlassen, fielen zu viele Textwerker darüber her und erledigten es – ein Beweis für die Erleichterung, die sie empfunden haben, daß einem anderen für sie etwas eingefallen war.

Der Autor öffentlich gemeinter Texte sollte daran denken, immer dann, wenn er ein Fach im Duden-Schrank leer findet, wartet die Sprache auf ihn, daß er den Mangel behebe. Er könnte statt »Thujahecke« auch einmal »Schalldämpferstrauch« schreiben.

Wenn ich von »Erfindungen« spreche, denke ich an Passagen wie die folgenden (alle zitiert aus »Herr und Hund« von Thomas Mann – Hervorhebungen von mir): »Er springt auf von der Fußmatte, darauf er ... mein Ausgehen *herangewartet* hat.« »Heranwarten« ist etwas anderes als »warten«, das »Heranwarten« setzt den unter Druck, auf den man wartet, wodurch man die Wartezeit, wenn es gut geht, verkürzt. Bauschan, der Hund, »springt *zutappend* mit beiden Vorderpfoten auf einmal vorwärts und wieder vorwärts ...« Der Hund hat eine Maus gefangen: »Er hat es am Schwanz, zwei-, dreimal schleudert er es am Boden hin und her, ein ganz schwaches Pfeifen wird hörbar, das letzte dem gottverlass'nen Mäuschen vergönnte, und dann *schnappt*

Bauschan es *ein*, in seinen Rachen, zwischen die weißen Zähne.«

Ich denke an neue und produktive Adjektiv-Substantiv-Paare wie: »Da stehen wir auf den Steinen nebeneinander, Bauschan und ich, und zwei Schritte vor uns schwankt in *frecher Sicherheit*, den Schnabel in gezierter Würde gegen die Brust gedrückt, die Ente auf den Wellen ...«; »ein *verzagend hinsinkendes Angebot*«, »*freundliche Durchschnittlichkeit*«, »*glashelle Naivität*«, »ein *rascher, erhitzter Blick des Einverständnisses*«, usw.

Der Hauptfehler, den ein Schreibender macht, der ein Synonym braucht, ist, daß er nach einem Synonym sucht.

Wer nach einem Synonym sucht, will meist eine klangliche Wiederholung vermeiden. Das bedeutet, seine Schreibabsicht hat nichts mit dem Inhalt zu tun, über den er schreibt, sie ist formaler Natur. Die Klangwiederholung bleibt ohnehin aus, schreibt der Autor an der Sache entlang. Der Autor könnte ebenso schematisch nach Vokabeln suchen, die mit einem »e« anfangen oder in der Mitte ein »s« haben, was kein großes Problem ist. Ich kann einen Text schreiben, in welchem alle Hauptwörter mit »E« anfangen; es gibt einen Roman, in dem kein einziges »r« vorkommt, und einen anderen ohne »e«. Das ist nicht so schwierig, wie es scheint, die deutsche Sprache ist so reich an Vokabeln, daß man immer ein Wort findet, wenn man ein »r«-Wort ersetzen will. Das sind Spielereien, an denen man seinen Spaß haben kann. Es ist aber eine Sache, ob ich mich auf orthographische Spezialitäten konzentriere und auf akustische oder darauf, eine Wirklichkeit nachlebbar darzustellen. Die Lektion von Thomas Manns »Idyll« zeigt, was man oberflächlich als »Synonyme« bezeichnet, sollte nicht als austauschbare Etiketten vom Autor über seine Figuren und Gegenstände geklebt werden. Parallelwörter sollten sich ergeben aus dem, was mit den Gegenständen geschieht und was die Figuren tun.

Der Hund ist nie nur ein Hund. Es gibt Neufundländer und Doggen und Schäferhunde. Das Substantiv »Hund« abstrahiert. Die schleichende, den Leser ermüdende Abstraktion geht noch weiter, ohne daß wir es merken, es gibt auch keinen »Neufundländer«. Thomas Mann läßt sich von den konventionellen Wörterfallen nicht fangen. In seinem Text gebraucht der Autor für die Zentralfigur außer dem Namen »Bauschan« folgende Namen:

Hühnerhund
Hühnerhund, wie er im Buche steht
Vorstehhund
kühner und eleganter Springer
Jägerbursche
Wesen
Kummerbild
Köstling
Tier
vierbeinige Trübsal
neuer Hausgenosse
reine und feste Natur
der traurig Blickende
Irrfahrer
Gevatter Bauschan

Held
Bauschans Person
Begleiter
Feind und Verfolger der Erdmäuse
verwirrter Sieger
plumper Gebirgsbursch
Weidner und Spürer
naher Freund
der Angeschirrte
Klient
getigertes Männchen
der neu Aufgenommene
Patient
Insasse
Verfolger
Jäger
Feind

Es gibt kaum einen mitleidserregenderen Anblick als einen Autoren, der, um Wiederholungen zu vermeiden, in einem Synonymwörterbuch nachschlägt. Der Fehler beginnt damit, daß er Wiederholungen vermeiden will. Thomas Mann konzentrierte sich nicht darauf, wie er Wiederholungen vermeidet, vielmehr darauf, wie er möglichst viele Lebensäußerungen seines Bauschans in die Sätze bekomme. Das beste Synonymwörterbuch ist eine Krücke, es kann zu lebhafterer Assoziation anregen. Es ersetzt nicht das Nachdenken und Beobachten durch den Autor. »Vierbeinige Trübsal« ist kein Synonym; Bauschan ist eine vierbeinige Trübsal, ein andermal ein Schiefmäuliger, ein Trabender, ein Dieb; er kann sich als Verschmitzter geben oder, im

Zustand hilfloser Desolatheit, wie ein Ganove. Um es handwerklich zu sagen: die Substantiva schwingen aus ihrer grammatikalischen Statik der Benennung hinüber zur gestalterischen Dynamik des Verbs, sie werden zu Beinahe-Verben, indem der Autor durch die Hauptwörter zeigt, was der Hund *tut* (»Tunwort«). Der synonymische Reichtum wird von der Wirklichkeit zur Verfügung gestellt. Der Autor Mann fragt nicht ein Nachschlagewerk nach Wörtern, sondern Dinge.

Ein Zufall hat mir vor Jahren zu einem Erlebnis verholfen, in welchem ich deutlich wie nie zuvor die verbal-dynamischen Möglichkeiten von Hauptwörtern erfahren habe. Ich schrieb an einem Roman und verweigerte meinem Protagonisten einen Namen – er hieß nicht. Er wanderte durch 180 Seiten als »er«. Das Beharren auf einer namenlosen Hauptfigur wird zu einem Problem, sobald diese mit einer anderen männlichen Person einen längeren Dialog führt. Das andere »er« mußte ich jedesmal durch ein Hauptwort ersetzen, um die beiden Sprechenden für den Leser deutlich auseinanderzuhalten. Ich mußte den Gesprächspartner des »er« mit »Synonymen« überschütten, ob ich wollte oder nicht. Ich hätte die Figur sonst aufgeben müssen. Einer der Gesprächspartner meines Haupt-»er« unterhielt eine Bar in einem Touristenzentrum, er »demonstrierte maritime Kompetenz auch an den Wänden seiner Bar, sie hingen voll mit getrockneten Seeigeln, Langusten, Seespinnen, Seesternen, Krabben, Fischernetzen, Harpunen, Schwertfischschwertern, Stachelrochenschwänzen, Haifischgebissen«. Die Handlung spielte in einem ehemaligen Fischerdorf an der Ostküste Mallorcas. Ich setzte sein Porträt aus folgenden Hauptwörtern zusammen: Freizeittaucher, Unterwasserfachmann, Tiefenwirt, Jachtenkenner, Kapitän der Bierströme, Tresenideologe, Tresengeneralsekretär (weil er Wert darauf legte, in allen Gesprächen mit den Gästen, auch in nicht-maritimen, recht zu behalten), Fischforscher, Kenner der einheimischen Pilze, Fachmann der Boote, Sieger, Mundschenk, erster Vorsitzender der Nachtluft (das bezog sich auf die langen Sommernachtsgespräche bei offener Tür), Leiter eines Leberschonungsinstitutes (weil er vor lauter Reden oft vergaß nachzuschenken). Ich hätte hinzufügen können, der dicke, froschäugige Drohende und anderes mehr; ein Mensch hat viele Eigenschaften.

Ich hatte die Möglichkeiten, Texte auch durch Hauptwörter zu aktivieren, bisher vernachlässigt. Ich war der beschreibenden Möglichkeiten von Hauptwörtern bislang zu wenig gewahr geworden, hatte sie zu lange unterverwendet als Benennungen. Nachdem ich das Spielzeug der Hauptwörter entdeckt hatte, verstand ich, so etwas wie »Kapitän der Bierströme« kann ich immer machen, auch wenn ich nicht zwischen zwei »er«s unterscheiden muß. Der amerikanische Dichter Ezra Pound sagte einmal, Schreiben heißt, Worte mit Sinn laden. Ich hatte meine Substantive vorher mit zu geringer Ladung davonfahren lassen.

Wenn sich für zwei, drei Jahre unter Bergsteigern herumspricht, ein bestimmter Berg in den Alpen biete besonders interessante Absturzmöglichkeiten, und daraufhin wird der Berg vorübergehend heftiger bestiegen, ist es angebracht, von einem »Modeberg« zu schreiben oder von »Modeabgründen«. Durch die Koppelung zweier Hauptwörter wird die Neuschöpfung zur Kürzestbeschreibung einer Realität, eines Vorgangs; sie ist mehr als eine Benennung. Mit Neuschöpfungen kann der Autor eine neue Seite eines vertrauten Gegenstandes vorführen.

Es sind keimhaft mehr Wörter in der Sprache angelegt, als es gibt. Es tauchen nicht nur an jedem Tag neue Gegenstände auf und neue Produktionsmethoden, die nach einem Namen verlangen, auch neue Weisen, die Dinge zu sehen und zu empfinden. Auch sie müssen durch Wörter in die Mitteilbarkeit gehoben werden. »Bumerang« heißt in der Sprache der australischen Ureinwohner »Komm-zurück-Stock«.

Die Spitze des Eisberges, im Keim erstickt und unter den Teppich gekehrt

Die bequemste Mitteilungsverweigerung durch Journalisten besteht darin, Metaphern aneinanderzufädeln. Glaubt man einem Redakteur der »Westdeutschen Allgemeinen Zeitung« vom 26. 4. 1994, bewegen sich die Löschwagen der Feuerwehren von Nordrhein-Westfalen nicht mehr auf Rädern, eher in der Art von Pferden: »Schwere Gewitter mit heftigen Regenfällen haben am Montag nachmittag die NRW-Feuerwehren auf Trab gehalten.« Zehn Zentimeter weiter unten auf derselben Seite, der Seite eins, »wächst der private Schuldenberg in Deutschland«. Das erinnert an die Entstehung der Alpen.

Die Banken versuchen jetzt, das Wachsen des Berges zu stoppen, indem sie einen Hahn zudrehen, und zwar denen, die vom Wachsen des Berges »betroffen« sind: »... drehen die Banken den Betroffenen verstärkt den Geldhahn zu«. Offenbar haben sie den »Betroffenen« immer schon den Geldhahn zugedreht, jetzt aber legen sie sich ins Zeug und drehen »verstärkt« zu. Warum gibt es »Betroffene« des Berges? Wieso wächst der Berg nicht mehr, wenn man den Betroffenen einen Hahn zudreht? Wenn ich weniger Winterschuhe kaufe, steigt die Temperatur. Der Berg muß entstanden sein, als die Dinosaurier ausstarben, vor ungefähr 65 Millionen Jahren: »... die Deutschen standen in der Kreide«, im letzten Teil des Mesozoikums, mit 350 Milliarden Mark. Weil die Deutschen im ausgehenden Erdmittelalter einen Berg in der Höhe von 350 Milliarden Mark haben wachsen lassen, haben heute »die Gerichtsvollzieher alle Hände voll zu tun«. Es handelt sich bei den Gerichtsvollziehern um Mißgeburten, ihnen ist eine unbestimmte Zahl von Händen angewachsen.

Blättert man von der ersten Seite der »WAZ« desselben Tages auf die Seite, die mit »Wirtschaft« überschrieben ist, liest man von neuesten Forschungsergebnissen in der Biologie. Ein Redakteur hat herausgefunden, Leute, die Bier brauen, unterliegen anderen Verdauungsprozessen als andere Menschen. Sie trinken gerne leichtes Bier, es bekommt ihnen aber nicht. Der Aufmacher der Wirtschaftsseite beginnt: »Das leichte Bier liegt den Brauern schwer im Magen.« Die Ursache der Unverträglichkeit ist telepathischer Art: »... der Genuß des kalorienarmen und alkoholreduzierten Gerstensaftes ist bei deutschen Biertrinkern offenbar wenig gefragt.« Würden die deutschen Biertrinker öfter nach dem leichten Bier fragen, die Mägen der Brauer würden beim Verdauen von leichtem Bier andere Enzyme in den Magensaft ausschütten.

In einer Ausgabe im Juli 1994 der »SZ« »bricht ein Arbeitskreis eine Lanze«, und zwar für eine Straßenbahn. Beim »Münchner Merkur« (26. 7. 94) »steigt die Rathaus-CSU in den Ring, um die ersten Runden des Schlagabtauschs mit den Rot-Grünen zu bestreiten«, und »Bayerns Chemie-Industrie sieht wieder Land«, obwohl sie auch vorher nicht über bayerische Meere gesegelt ist. Während »die Stunde der Wahrheit schlägt«, »brauen sich dunkle Wolken zusammen«. Am Nachmittag des 28. Juni 1994 erfuhren wir durch den bayerischen Hörfunk, der Bundespräsident Roman Herzog habe bei seinem Besuch in Nürnberg »das Bad in der Menge genommen«.

Niemand kann sich »ausdrücken«, ohne »hinüberzutragen« (griechisch: metaphérein) in Bilder, was er mitteilen möchte. Sprache ist ohne bildliche Vergleiche nicht möglich. Sagt man, jemand habe »eine Spur hinterlassen«, meint man nicht nur, er habe seine Füße in Sand gedrückt. Tennessee Williams gab einem seiner Theaterstücke den Titel »Süßer Vogel Jugend«. Vergleicht man damit »die Spitze des Eisbergs«, erkennt man deutlicher: die beiden Bilder unterscheidet nicht der Grad der Treffsicherheit. Die Metapher von der Spitze des Eisberges war ein ungewöhnlich treffendes Bild. Weil das so ist, haben viele Autoren es verschlissen. Das ist mit »Süßer Vogel Jugend« nicht geschehen. Das heißt nicht, der Vergleich sei besser oder schlechter, es heißt, er wurde nicht so oft gebraucht. Die Wiederholung an sich ist es, die das Bild entwertet. Würden Sie gerne gezwungen werden, jeden Tag drei Mahlzeiten mit Rehrückenmedaillons und Pfifferlingen zu essen?

Wie stark sprachliche Konvention, auch modische, selbst intelligente Gehirne von Gedanken freisaugt, zeigt sich, wenn die Moderatorin der »Tagesschau« Christiansen vom »Objekt der Begierde« spricht, weil das Wort im deutschen Sprachraum gerade für alles verwendet wird, was irgend jemand haben möchte.

Irgend jemand nannte Bergspitzen, die aus einer entlegenen Ecke der Eurasischen Platte herausragen, »Dach der Welt«. Der unbekannte Kühnling ahnte nicht, daß wir jahrzehntelang, in jedem Bericht über eine Ersteigung des Mount Everest, des K 2 oder über die Horden der westlichen Rucksack-Gläubigen in Nepal dem »Dach der Welt« begegnen müssen. Was für ein Dach, das von Ruhpolding und Düsseldorf zehntausend Kilometer entfernt ist und an die zwanzigtausend von den Maya-Tempeln! – von den übrigen Ungereimtheiten abgesehen.

Mit Metaphern wie »Sparkassen und Genossenschaftsbanken stehen mit Geldmarktfonds auf Kriegsfuß« oder »Rexrodts heißer Stuhl« oder »Wir sitzen alle im Glashaus« (alle Seite 21, »SZ« 174/94) reduzieren Autoren abonnierte Mitteilungsleistung auf kleinstes Maß. Der Autofahrer, der kurz vor seiner Autobahnabfahrt mit 180 Stundenkilometern noch zwei andere Wagen überholt und dann scharf abbremsen muß, sitzt, nachdem er zu Hause angekommen ist, zwei Minuten früher gelangweilt herum. Der Sinn seiner Raserei war, die Strecke in Vergangenheit zu verwandeln. Der Fahrer möchte die Fahrtstrecke hinter sich haben, der Autor die Textstrecke. Was geschieht, soll geschehen mit dem Ziel, vorbei zu sein. Es soll nicht ungeschehen, es soll erledigt sein. Der Schreibende erreicht beim Zurücklegen von Sätzen die Höchstgeschwindigkeit, indem er Bilder, die im Deutschen seit langer Zeit herumstehen, ergreift und aneinanderreiht. Eine mittelgroße Bilderausrüstung gestattet ihm, sich fast über jeden Gegenstand auszulassen, ohne sich bei der Fahrt zwischen den Zeilenabständen durch Recherche oder Denken bremsen zu müssen.

Der Redakteur, der schreibt, »eine Schnapsmarke schießt den Vogel ab«, weil sie seit der Ausstrahlung eines Werbespots »ein Spitzenreiter« sei, bietet dem Leser eine dünne Informationssuppe. Das Bild von einem Schnaps, der auf die Jagd gegangen ist und einen Vogel abgeschossen hat, teilt mit, die Eigentümer der Alkoholfabrik verkaufen mehr, seit sie werben. Man erfährt nicht, wieviel sie mehr verkaufen und ob sie jetzt mehr verkaufen als alle anderen Konkurrenten.

Warum schreibt ein Redakteur in der Wochenzeitschrift »Focus« in einem Artikel über die Arbeit von Leuten, die Manager vermitteln: »Mekka der ›Kopfjäger‹ ist Frankfurt«, statt etwa: Die meisten Vermittlerbüros für Manager siedeln in Frankfurt? Warum greift der Autor zu dem überzogenen Vergleich? Autoren wie er haben das Bild so entwertet, daß man heute »Mekka« zu allem sagen kann, wo sich irgend etwas versammelt, seien es die Betreiber eines Flohzirkus, die Hersteller von Hornschuhlöffeln oder Ameisen, die eine tote Maus wegputzen. Die Autoren – und wir – sind das Opfer ihres Bedürfnisses, eine Aussage aufzubauschen, ihres Bedürfnisses nach Gravität, nach breitbeinigen Aussagen. Das erreichen sie, indem sie den Leser an Dinge erinnern, die ihm in der Wirklichkeit imponieren: ein *Meer* von Sonnenblumen, ein *Gebirge* von Akten. Man leiht sich fremde, außersprachliche Größe aus, man möchte sich vergrößern, indem man Großes erwähnt. Das hat etwas vom Name-dropping (»Der Helmut ist gar nicht so, wie er öffentlich tut, der kann privat sehr witzig sein«). Was dieses Verfahren so wirkungslos macht und so langweilig, ist die Häufigkeit, in der diese Bilder verwendet werden. Feile Verfügbarkeit fertiger Formulierungen verlockt die Mehrzahl der Autoren. Der Leser spürt, er ist dem Autor die Arbeit nicht wert. Vor ihm liegt ein Meer nicht-ausgerissener Beine und vollgelogener Taschen.

Wenn die Schulferien beginnen, erscheinen in den Fernsehnachrichten Bilder von Autokolonnen, die sich auf Autobahnen wenig bewegen oder stehen. Man duckt sich schon, sobald der Moderator beginnt, darüber zu berichten, weil man weiß, gleich kommt das Wort »Blechlawine«. Am nächsten Tag liest man die Zeitung, wieder begegnet man der »Blechlawine«. Eine Autokolonne wird auch dann mit einer Lawine verglichen, wenn sie bergauf fährt.

Auf der Reiseseite einer Zeitung »verzeichnet« ein italienisches Dorf »Trends«. Wie lange das Dorf beschäftigt ist, »Trends zu verzeichnen«, und auf welche Weise, wird nicht mitgeteilt, man ahnt nur, das Dorf verzeichnet und verzeichnet. Den Dorfbewohnern ist aufgefallen, daß in letzter Zeit mehr Touristen kommen.

Ein Reporter über eine Unfallserie auf einer deutschen Autobahn: »... wurden elf unschuldige Menschen getötet.« Der Reporter kannte die elf Toten nicht. Warum behauptet er, sie seien unschuldig gewesen? Vielleicht hat einer der elf Toten, als er noch lebte, Stunden vorher die eigene Tochter vergewaltigt, ein anderer als Postbeamter einen Brief mit einem Scheck unterschlagen. Die Lebenden werden unschuldig, weil Autos sie umgebracht haben.

»Der Wein fließt in Strömen«, »es regnet in Strömen«, Dörfer bestehen aus »Seelen«, Experten sind »hochkarätig«, Strafen »drakonisch« (*Der Spiegel 11/96*). »Das Säbelrasseln der Volksrepublik China wird immer lauter« (*AZ 64/96*); »Bankiers sprechen bestes Fachchinesisch« (*Der Spiegel 11/96*). Sie, die Bankiers, nennen zum Beispiel jetzt »Produkt«, was früher Geldverleihen hieß: Wirtschaftsredakteure schreiben das jetzt nach. Eine Ausgabe von zwei Millionen Mark sind »satte« oder »stolze«. »Telefone liefen in Bonn heiß«; der Alleinunternehmer hat den Konzern »vorgeführt« (*FAZ 53/96*).

Der Besitzer des »Drahtesels« hat, während er an der »Blechlawine« vorbeifährt, Luft frisch vom Auspuff atmend, »keine müde Mark« für ein neues Auto, um damit

»Arbeitsplätze zu schaffen«. Da ist »mit Sicherheit« »Fehlanzeige« »angesagt«, »da läuft nichts«, »nichts geht mehr«. Der Lenker des »Drahtesels« will »Flagge zeigen«, »hier und jetzt«. Er »geht in die vollen«, er »übt den Schulterschluß«, und zwar »kurzerhand« mit all denen, die ökologisch »ihren Mann stehen«, auch wenn sie Frauen sind. Er hat heute hundert Kilometer »auf dem Buckel«.

Allen diesen Vokabeln und Bildern ist gemeinsam, daß sie die Sache, von der die Rede sein sollte, nicht treffen, daß die Autoren eine Wolke von Abstraktion um sie bilden. Gibt man beim Schreiben diesem Druck nach, ähnelt man einem Maurer, der Steine auf die Erde kippt, in der Erwartung, so könne eine Mauer entstehen, anstatt daß er jeden Stein bewußt setzt.

Es klingelt, »Ostern steht vor der Tür«.

Der produktive Autor nimmt nicht einen Kirschkern in den Mund, den ein anderer ausgespuckt hat. Er pflückt eine neue Einfallskirsche. Die Spitze des Eisbergs hängt dem Leser zum Halse heraus. Oder: Die Spitze des Eisberges, die nicht rechtzeitig unter den Teppich gekehrt werden kann, muß endlich auf das schärfste im Keim erstickt werden.

Der konventionelle Teil in einem Text ist abgestorbene Sprache.

Gegen Ende seines Prosa-Stücks »Herr und Hund« beschreibt Thomas Mann die Reaktion des Protagonistenhundes, der zufällig mit angesehen hat, wie ein Jäger auf der anderen Flußseite mit einem Gewehrschuß eine Wildente aus dem Himmel fallen ließ. Der Autor leitet die Beschreibung ein mit den Sätzen: »Geprägte Redensarten bieten sich an, um sein Verhalten zu kennzeichnen; Kurrentmünze, gangbar in großen Fällen, ich könnte sagen, er sei wie vom Donner gerührt gewesen. Allein das mißfällt mir, und ich mag es nicht. Die großen Worte, abgenutzt wie sie sind, eignen sich gar nicht sehr, das Außerordentliche auszudrücken; vielmehr geschieht dies am besten, indem man die kleinen in die Höhe treibt und auf den Gipfel ihrer Bedeutung bringt. Ich sage nichts weiter, als daß Bauschan beim Flintenknall, bei seinen Begleitumständen und Folgeerscheinungen *stutzte* ...« Es folgen zwanzig Zeilen, in denen Mann darstellt, wie der Hund stutzt.

Wie Sätze Menschen anspringen

Die Dichterin Else Lasker-Schüler ist vor fünfzig Jahren gestorben. Fünfzig Jahre nach ihrem Tod liest die expressionistische Lyrikerin, so entnehme ich der Münchener »Abendzeitung« vom 27. 1. 95, abends um halb acht im »Elysium« am Bonner Platz. Die Mitteilung beherrscht mich zwei, drei Sekunden – man nimmt optische Signale, in diesem Fall gedruckte Buchstaben, mit Lichtgeschwindigkeit auf, dann dauert es noch ein bißchen, bis man begreift –, in dieser Zeit wirbelt mir der Argwohn durch den Kopf, ich hätte all die Jahre fälschlicherweise geglaubt, die Lasker-Schüler sei gestorben, ich leide an Alzheimer oder Else Lasker-Schüler sei nicht identisch mit der Dichterin, von der ich immer angenommen hatte, sie heiße Else Lasker-Schüler, ich verwechsele sie, in verfrühtem sklerotischem Starrsinn, mit einer anderen Trägerin schwarzer Stirnlocke und dunkler Augen. Das geschieht während einer Sekunde, dann wache ich wieder auf aus dem Augenblickstraum, die Mitteilung aus der Zeitung über die Lesung der Freundin von Karl Kraus, Werfel, Marc, Kokoschka, Benn und Trakl wird sich herausstellen als Mißverständnis oder Druckfehler. Die verwirrenden Erlebnisse ereignen sich, während sich das Lesen weiter abwickelt. Die Nachricht kippt in andere Bedeutung, ich muß mich korrigieren, die zweite Hälfte des Nachrichtensatzes öffnet mein Verständnis anderswohin. Nicht die Dichterin liest, die tote, eine Schauspielerin liest ihre Texte: »Else Lasker-Schüler liest heute, 19.30 Uhr, im Elysium (Bonner Platz 1, 80803 München, Eintritt frei) die Schauspielerin Helen von Münchhofen ...« Eine andere liest eine andere. Subjekt – Prädikat – Objekt.

Es gibt viele, die sich über Zeitungen und Zeitschriften in dieser Spezialität von Mißverständlichkeit mitteilen. Sie führen uns die Kunst vor, wie man Wörter dazu bringt, Menschen anzuspringen. »Selbst Hand anlegen wollten ...«, springt mich ein Satz in der »AZ« vom 2. 1. 95 an. »... die Polizisten nicht«, beruhigt sich der Satz dann. Nachdem die Polizei selbst nicht Hand angelegt hatte, erfährt der Leser, ein 21jähriger Essener habe diese »gerufen, um seine ausgebüchste hochgiftige Kobra einzufangen« – eine »giftige« Kobra wäre dem Autor nicht giftig genug gewesen, abgesehen davon, daß es keine ungiftige Kobra gibt. Das Angesprungenwerden verwirrt.

Ein anderer Absatz der »AZ« (24. 1. 95) beginnt: »Das Beben (in Japan – d. A.) spürt auch ...« Was spürt das Beben? Es spürt »... die deutsche Industrie.«

In der »FAZ« vom selben Tag: »Für ausländische Engagements hinderlich gewesen ist bisher jedoch die Art der Privatisierung in Litauen.« In der »taz«: »Den Abbau bundesstaatlicher Programme sowie die Senkung von Steuern, so Clintons These, hätten seine Administration und er selbst von Beginn an ...« Das sind fast fünf Zeilen der »taz«-Spalte, während welcher der Leser nicht weiß, worum es geht. Im selben Artikel: »Schritte zur Neumodellierung ihres Images hat nicht nur der Präsident, sondern zum x-ten Mal auch die First Lady ...« Was haben der Präsident und seine Frau mit den Schritten gemacht? Sie haben sie »unternommen«. Das erfährt der Leser nach fünf Sekunden – eine Lese-Ewigkeit, bedenkt man, daß der Leser, wo immer möglich, im Moment des Erblickens der Buchstaben verstehen sollte.

Ich kann sagen: »Den Nagel schlägt der Tischler ins Brett.« Oder: »Ins Brett schlägt den Nagel der Tischler.« Oder: »Der Tischler schlägt ins Brett den Nagel.« Oder: »Der Tischler schlägt den Nagel ins Brett.« Ob der Autor den Nagel an den Anfang des Satzes stellt oder den Tischler oder das Brett, sollte begründet sein. Es sollte das Ergebnis sein einer Absicht. In den meisten Fällen hat er keine Absicht, es fährt ihm absichtslos heraus. Er fällt in eine Haltung, die er beim Sprechen einnimmt. Der Schreibende, der mit dem Objekt seinen Satz beginnt, demonstriert dem Leser seine Sorge, diesen zu verlieren, wenn er ihm nicht das Wesentliche (Objekt) seiner Aussage gleich hinwirft, ohne Rücksicht auf grammatikalische Struktur. Diese aber macht seinen Satz erst verständlich. Er handelt wie das Kind, das die Faust in der Vase nicht öffnet, um den Pfennig nicht fallen zu lassen.

Auf der Titel-Seite einer Ausgabe der Münchener »Abendzeitung« sagt ein Redakteur, indem er der Marotte erliegt, die Satzaussage nach vorne zu ziehen, das Gegenteil dessen, was er sagen wollte: »Die Mafia der Münchner Kaufhaus-Detektive … Frauen zwangen sie zum Sex im Büro.« Den Vogel abgeschossen hat ein »AZ«-Redakteur in einer Reportage über die Renovierung des Münchener Rathauses: »Eine Generalüberholung bekamen auch die Rathaustore.«

Es gibt keine schlechten Themen, es gibt schlechte Texte

Ob ich Lust hätte, eine Reportage zu schreiben über die Dolomiten und die Dolomitenladiner, fragte mich der Redakteur einer Zeitschrift. Der Gedanke schüchterte mich ein, über Skipisten zu schreiben, über Andenkenläden, »Bettenburgen«, Touristen und Geranien. Ich hielt das Thema für »schlecht«.

Schreibende unterliegen der Versuchung, statt groß zu schreiben, lieber über Großes zu schreiben. Wer berichtet, wie Stalin seine Geliebte von der Seite seines Leibwächters an den Haaren aus dem Bett zerrte, kann sich alle konventionellen Sprachschwächen durchgehen lassen, er wird trotzdem aufmerksam gelesen. Bis zu jener Arbeit hatte ich angenommen, man könne Glück oder Pech haben mit einem Inhalt.

Ich fuhr nach Südtirol mit starken Zweifeln, ob aus der Reportage jemals etwas werden könne. Zweifel und Ängste lenken vom Thema ab. Man sieht den Gegenstand, den man darstellen möchte, nicht mehr scharf genug. Die Unbefangenheit kommt einem abhanden, um zu erkennen, was man erlebt. Angst interpretiert, bevor man verstanden hat.

Ich bewegte mich durch das Land als Schöpfsieb. Wenn ich auch nicht glaubte, mir würde ein Text gelingen, den irgend jemand gerne lesen würde, so wollte ich mir wenigstens nicht vorzuwerfen haben, den Verlag zu betrügen durch Saumseligkeit. Ich wußte, schreiben fällt um so leichter, je mehr man ansammelt. Überbordendes Wissen sollte mich zum Schreiben verführen, wenn das Thema mich schon nicht produktiv machte. Die Sachen selber sollten sich durch ihre Masse aus mir hinausschreiben. Das Erzwungene ist das Gescheiterte. Ich bewegte mich drei oder vier Tage durch das Gadener Tal, das Grödner Tal, durch das Seitental des Campillbaches, auf ladinisch »Longiarü«, zu deutsch »Längs des Bachs« oder »Ambach«, ein Urname überall, aus Zeiten vor den großen mittelalterlichen Rodungen, als Flüsse Straßen waren, woran noch das französische »rue« erinnert. Ich umkreiste die Sella-Gruppe und verführte mit meiner geologischen Klatschsucht einen Bürgermeister, Dorfschullehrer und

Amateurgeologen, mir das erdgeschichtliche Backrezept zu erklären, nach welchem die Dolomiten mit ihren Tälern gemacht worden sind. Ich besuchte einen Wirt im Campillbachtal, er führte mich zu einem Gehöft in 1620 Metern Höhe, zum Bauer Mischi, dessen Familie lebt seit fünf- bis sechshundert Jahren auf dem Platz, wie auf einem Adlerhorst.

Es ist gut, daß ich die Schreibabsicht fast aufgegeben habe, sagte ich mir bei der Fahrt in die Höhe, jetzt kann ich unbefangen beobachten. Die Freiheit von Absicht läßt Formulierungen entweichen. Ich schaute hinauf zu Mischis Hof und sah eine Scheune mit dem vorderen Drittel vom Hang abstehen, und es sagte in mir, »ich kann der Scheune auf den Bauch sehen«. Ich führte Selbstgespräche, sagte, was ich sah. Selbst die allgegenwärtigen Geranien machten mich vor mich hin brabbeln: »Geranienwogen schwappen über die Balkone.« Die Dinge weckten Wörterspaß, genauer, das ruhige bewußte Wahrnehmen der Dinge. Fortwährendes Besorgtsein um die Zeilenzahl, die man noch produzieren soll, kostet Antennenkapazität für den Gegenstand.

Dann las ich mich durch verschiedene Darstellungen der Ereignisse, aus denen die Dolomiten entstanden sind. Ich begann einen Zeitrafferfilm vor mir zu sehen, die Landschaft wurde zum Lebewesen. Durch Verstehen zum Mitteilen angeregt, schrieb ich: »Knautschzone Schweiz: Der Nord-Süd-Durchmesser wird jedes Jahr drei Millimeter kürzer. Man merkt das nicht, die Grenze rutscht mit. Die Gebirge werden unaufhörlich in den Himmel geschoben.

Trotz der Erosion bleiben eineinhalb Millimeter. Mit Laserstrahlen kann man die Veränderung ausmachen. Geht es eine Million Jahre so weiter, erreicht der Montblanc Himalaya-Höhe. Afrika drückt den italienischen Stiefel gegen die österreichische und schweizerische Flanke. Die physikalische Landkarte zeigt die Bewegung Italiens, mit der es sich in einem Dutzend Millionen von Jahren in die Schweiz, nach Tirol und Kärnten hineingedreht hat, zeigt die aufgeworfene halbrunde Spur, zu der wir ›Alpen‹ sagen.« (In der ersten Fassung hatte ich geschrieben: »... zu der wir *heute* ›Alpen‹ sagen.«)

Das Thema, das mich erst abgestoßen hatte, packte mich um so stärker, je mehr ich mich darauf einließ. Die Qualität meines Textes hängt davon ab, wie weit ich das Thema bin. Ich kann jedes Thema sein.

Wenn ich etwas fühle – wie kommt es dazu? Ich fühlte bei den Gedanken an das Südtiroler Gebiet nur, daß ich mich gegen das Thema abschloß. Das ist kein Gefühl, mit dem man es zu einem Text bringt. Das änderte sich, sowie ich vergaß, wegen eines Textes umherzusteigen, weil mich Details beschäftigten. Die Menge der Einzelheiten ordneten sich zu Zusammenhängen. »Zusammenhänge sehen« – das ist ein anderes Wort für Entdeckungen machen. Ich fühlte mich durch das Thema unterhalten, die dunkle Befürchtung löste sich auf. Überspitzt gesagt: Aus lauter Interesse am Gegenstand vergaß ich, daß ich schreiben wollte. Das ist für den Schreibenden der Zustand der Gnade, Euphorie ohne Schnaps. Je mehr ich mich mit dem Gegenstand befaßte, mit dem zugelaufenen, um so mehr fühlte ich ihn. Ich lernte, ob ein Thema gut ist oder schlecht, liegt nur an meiner Gestimmtheit, nicht daran, ob es um Dinge geht, die einem bei der ersten Begegnung »wichtig« vorkommen. Es ist völlig gleichgültig, worum es geht, ob um den Lichtschalter in meinem Arbeitszimmer, um das Abwaschen von Teetassen – eine Quelle interessanter Beobachtungen –; sei es der Bau eines Bunkers am Westwall oder die Herstellung von Tinte. Es gibt nichts Unwichtiges, nichts Peinliches, nichts Nebensächliches, nichts Schlechtes – alles ist wert, dargestellt zu werden. Unwichtig, peinlich, nebensächlich wird alles durch die Form, in der etwas dargestellt wird. Jedes Thema kann groß werden durch Form.

Ich kann diese Gestimmtheit entstehen machen, indem ich Einzelheiten des Gegenstandes in mich aufnehme, in mir anhäufe. Wenn ich darin lange genug fortfahre, entsteht eine »kritische Masse«, sie löst, wo vorher Unlust dominierte, Lust am Gegenstand aus und damit Lust, über ihn zu schreiben. Das Muster von Zusammenhängen zu erleben macht Freude, so daß man sich gedrängt fühlt, die Freude mit anderen zu teilen. Die Angst vor dem weißen Blatt Papier verschwindet, man möchte so gerne schreiben, daß man meint, man *müsse* es tun. Das Gefühl, schreiben zu müssen, ist der beste Zustand für jeden, der vom Herstellen von Texten leben möchte.

Eine Einzelheit, für sich betrachtet, regt mich nicht an, mehrere Einzelheiten beginnen von Dingen zu sprechen, die über die Einzelheiten hinausgehen. Ich möchte den Zauber von Zusammenhängen an zwei Beispielen zeigen:

Ich recherchierte zum Thema Dürre in Südspanien. In manchen Regionen hatte es von 1990 bis 1995 kaum geregnet. Die Spanier nennen die Landschaft zwischen Murcia und Almería den Gemüsegarten Europas. Die Gemüseanbauer verschicken Tomaten, Gurken, Salate und Zucchini in nördlichere Länder, auf die mehr Wasser fällt. Obwohl es seit Jahren wenig geregnet hatte, produzierten die Andalusier weiterhin Exportgemüse. Sie überspannten die Felder mit vielen Quadratkilometern Plastikfolien – bei einem bestimmten Einfallswinkel des Sonnenlichtes sehen ganze Landstriche aus wie Seen –, verlegten dünne Schläuche zwischen den Beeten mit einer Tröpfel-Öffnung an jeder einzelnen Pflanze, jeder Melone wird das Wasser in regelmäßigen Abständen tropfenweise zugeteilt; und sie bohrten das Grundwasser an mit zahllosen neuen Brunnen – das Brunnenbauen wuchs zu einer neuen Wachstumsindustrie –, mit den Nachteilen, daß überall der Grundwasserspiegel absackt und das gewonnene Wasser Salz enthält; in manchen Brunnen mehr als das Wasser der Nordsee.

Ich begann die Recherchen eher nüchtern, ohne die Erwartung, durch das Schreiben größere Befriedigung zu erfahren. Ich vertraute aber auf die Erfahrung, daß die Gespräche mit Staustufenkonstrukteuren, Blumengärtnern, Geologen, Meteorologen, Wasserwirtschaftsbeamten, Stadträten und Hoteldirektoren so viele erstaunliche und überraschende Einzelheiten ergeben würden, daß ich daraus eine spannende und ästhetisch befriedigende Reportage würde bauen können. Wenn ich sage ästhetisch befriedigend, meine ich vor allem, daß mir die Masse der Einzelheiten erlauben würde, wie einem Forscher, unerwartete Zusammenhänge zu entdecken. Das Aufreihen von Fakten befriedigt weder Autor noch Leser.

Irgendwann während der Beschäftigung mit Tomaten-Exportzahlen begriff ich, daß das ausgetrocknete Südspanien Hunderttausende von Tonnen Wasser nach Deutschland exportierte in Form von Tomaten, Zitronen und Orangen. Indem ich versuchte herauszufinden, wieviel Wald in welcher Zeit in Spanien verlorengegangen ist durch Raubbau und Brände, lernte ich, daß das Wasser, das über dem Atlantik verdunstet und von den Westwinden auf die spanische Halbinsel zugetrieben wird, einst dort abregnete, jetzt aber wegen der Hitze, die die spanische Erde ausstrahlt, nach Westen und Nordwesten weiterzieht. Ein Teil des Wassers, das bei uns niederregnet, ist ihr Wasser und wäre es noch, hätten sie ihre Wälder nicht so schlecht behandelt.

Mein zweites Beispiel. Ich schrieb einen Aufsatz über den Farbstoff Indigo. Zu den ersten auffallenden Einzelheiten, die man erfährt, wenn man sich das Thema aneignet, gehört, Indigo war immer teuer und wurde mit Gold aufgewogen. Was teuer ist, ist selten. Fragt man, wie kann eine Farbe so teuer sein?, entdeckt man, die anderen Farben waren nie so teuer, außer Rot nur Blau. Dann findet man, die ältesten Gemälde auf der Erde, die Höhlenmalereien von Altamira, Lascaux und anderen Orten, zum Teil vor 30 000 Jahren gemalt, enthalten weder Blau noch Grün, die Menschen der Cromagnon-Epoche malten mit Schwarz,

Rot, Ocker, Gelb und Braun. Vor fünf- oder achttausend Jahren entdeckte jemand durch Zufall, daß, wenn bestimmte Pflanzen länger im Wasser gelegen hatten, und die Brühe auf einem Gegenstand oder auf dem Körper trocknete, sich die Oberfläche blau verfärbte. Der Zusammenhangsspaß: Obwohl der größte Teil der sichtbaren Welt mit Blau oder Grün bedeckt ist, hatte die Menschheit bis vor kurzem keine Möglichkeit, diese Farben nachzumachen.

Ein Maßstab für die Qualität eines Textes ist die Freude, die der Autor beim Schreiben empfunden hat.

Vom Unterschied zwischen literarischen und journalistischen Texten

Was ist literarisch an einem Satz wie: »Sein oder Nichtsein, das ist hier die Frage«? Was ist Literatur an der Feststellung: »Jemand mußte Josef K. verleumdet haben, denn ohne daß er etwas Böses getan hätte, wurde er eines Morgens verhaftet«, mit der Franz Kafka seinen Roman »Der Prozeß« beginnt?

Wer Journalisten auffordert, bei gleicher Zahl ihrer Wörter mehr zu sagen, der hört als Antwort ab und an das Argument: Ich bin kein Dichter, ich bin Journalist. Oberflächlich aufgenommen, klingt das Argument, als legitimiere es zwei Qualitäten von Text. Bei genauerer Betrachtung erschließt sich ein fataler Fehler. An einzelnen gut geschriebenen Sätzen läßt sich nicht erkennen, ob sie aus einer Reportage für eine Monatszeitschrift stammen, aus der Lokalseite einer Tageszeitung oder aus dem Roman eines Nobelpreiskandidaten. Ich greife einen Absatz aus dem Roman »Georgica« des Nobelpreisträgers Claude Simon heraus. Er gehört zu den Autoren, die die Dinge so eigenwillig darstellen, daß man sie an einer, oft an einer halben Seite erkennt, die man aus einem ihrer Bücher gerissen hat – ein Grundmerkmal dessen, was wir als Literatur bezeichnen:

»Mitunter hält der Zug in einem Bahnhof, doch fern der Bahnsteige für Reisende, auf einem Rangiergleis, inmitten von Güterzugwagen, Loren und Viehwaggons. Langes und unverständliches Rangieren. Einige schieben die Tür etwas weiter auf und versuchen, den Namen der Stadt zu erkennen, klamm, vage Vermutungen austauschend.«

In dieser Passage, die, zumindest nach der Interpunktion, aus drei Sätzen besteht, gibt es nichts, kein Wort oder keine Kombination von Wörtern, die den Leser vermuten ließe, der Text stamme von einem »Dichter«, einem Preisträger für Literatur. Reiz geht aus von der Stelle: »… fern der Bahnsteige für Reisende«. Sie ist eine Verdichtung, sie sagt mehr, als gesagt wird; es ist die Rede von Menschen, die mit der Bahn unterwegs sind, aber nicht an Bahnsteige herankommen; so ergeht es Soldaten im Krieg, Kriegsgefangenen, Zwangsarbeitern, deportierten Juden. Reisende, die keine Bahnsteige sehen, sind eine andere Klasse von Reisenden. Keine Redaktion würde ihrem Reporter diese Verdichtung verbieten.

Wenige Zeilen über diesem Absatz steht – in der Übersetzung des Rowohlt Verlages –: »Schon als Kind in den Toiletten eines Eilzugs: er betätigt das Pedal, und durch die geöffnete Brille des WC-Beckens sieht er in einem heftigen Geprassel ihm ins Gesicht schleudernder, zerstoßener Brokken Schwellen und Schotter des Bahndamms unter sich wegrasen. Stinkende Kälte, scheinbar von unten hereingeblasen. Rinnsale von Scheiße und Seidenpapier, durchnäßt, verschrumpelt, an den schmierigen Zylinder des Abflusses geklatscht. Durch das heftige Schwanken des Waggons beinahe aus dem Gleichgewicht gebracht, trotz der gespreizten Beine, und gezwungen, sich mit einer Hand an der Zwischenwand abzustützen. Perlende Urintropfen, die an der unteren Öffnung zittern, bevor sie losgelöst und schnell horizontal weggerissen werden.«

Beobachtungen dieses Auflösungsgrads würden jeden Chefredakteur einer Zeitschrift elektrisieren, wenn auch nicht sicher ist, daß er sie drucken lassen könnte, sei es, weil er befürchtet, einige seiner Leser zu verärgern oder seine Anzeigengeber. Leser oder Annoncierer würden sich nicht an der Form stoßen, sondern am Inhalt, an der »Scheiße«. Der Autor wäre wegen seiner genauen Darstellungen in Redaktionen begehrt. Es ist nicht Genauigkeit, die Literatur von journalistischen Texten unterscheidet. Wäre es anders, könnte man sagen, journalistische Texte seien schlampig geschriebene Literatur. Das ist so sinnvoll, als wollte man sagen, der Fisch sei ein schlampig gearbeitetes Säugetier.

Journalisten unterscheiden zwischen Journalismus und Literatur bereitwilliger als nützlich, nicht so sehr, um vom

Unterschied zu lernen. Dieser soll ihnen helfen, sich abzuschirmen gegen einen Anspruch, den sie unbewußt in sich tragen. Die Betonung des Unterschieds soll die Anstrengung genaueren Formulierens abwehren. Ob sich die Arbeiter in den Redaktionen dessen bewußt sind oder nicht, indem sie den Unterschied betonen, sprechen sie sich frei von der Schuld der Nachlässigkeit. Der Journalist tunkt sich hinunter in eine Auffassung, in der ihm wärmer ist. Er sagt sich und den Lesenden, ich bin offiziell Produzent minderwertigerer Sätze, meine Sätze sind nach einem Tag unbrauchbar. Es ist wirtschaftliche Dummheit, für meine Mitteilungen Energie aufzuwenden, die Tucholsky, Kraus und Goethe, Hamsun und Márquez aufgewandt haben, um verständlich zu machen, welche Vorgänge sie in dieser Gesellschaft für beachtenswert halten. Indem er diese Botschaft durch seine Sätze scheinen läßt, gibt er uns zu verstehen, er selbst sei nicht wichtig genug, uns seine Eindrücke von den Vorgängen in der Gesellschaft mitzuteilen. Wer uns immerfort sagt, es sei nicht wichtig, was er uns mitteilt, gibt uns, ob er will oder nicht, zu verstehen, es ist nicht wichtig, was wir erfahren. Daraus folgt, wir sind ihm nicht wichtig. Wenn wir das jeden Tag gesagt bekommen, sind wir uns am Ende selbst nicht wichtig.

Worin sollte der Unterschied zwischen den beiden Textklassen bestehen? Ein Satz aus dem Roman »Auf der Suche nach der verlorenen Zeit« von Marcel Proust lautet: »Menschen, die auf Antiquitäten Jagd machten, die Dichter verehrten und niedrige Berechnungen verschmähten, von Ehre und Liebe träumten, stellten in ihren (in Odettes) Augen eine der übrigen Menschheit überlegene Elite dar.« Ein

Satz aus Goethes »Wilhelm Meisters Lehrjahre«: »Von dieser Zeit an war sie sehr still und schien sich nur mit wenigen Ideen zu beschäftigen, die sie sich aus dem Manuskript eigen zu machen suchte, woraus ihr Wilhelm von Zeit zu Zeit vorlesen mußte.«

Diese Sätze sind sachliche Feststellungen. Ein großer Teil von Texten, ob journalistisch oder literarisch, besteht aus sachlichen Feststellungen. Sie sind voneinander nicht zu unterscheiden, auch wenn der eine Satz von Goethe stammt und der andere von einem Lokalreporter der Würzburger »Main-Post«. Der Journalist stellt den Unterschied erst her, indem er mehr Vokabeln verwendet und sich abstrakter ausdrückt als nötig.

Oft entsteht der Unterschied zwischen journalistischen und literarischen Passagen erst durch die Einstellung des Autors zu seiner Arbeit. Der erfolgreichere Hundertmeterläufer konzentriert sich, wenn er zu rennen beginnt, auf ein Ziel *hinter* der Hundertmetermarke, auf eine Strecke, die zwanzig oder dreißig Meter länger ist. Indem er sich auf ein höheres Ziel ausrichtet – das eigentliche Ziel in sich abschafft –, setzt er Kraft frei aus den Tiefen eines Reservoirs, das er nicht erreichen würde, würfe er alle seine Energie auf das kleinere Ziel. Der Autor des Papierkorbes des nächsten Tages ist häufig Autor des Papierkorbes des nächsten Tages, weil er sich sagt, ich bin Autor des Papierkorbes des nächsten Tages. Der Redakteur, der sich beim Schreiben von der Auffassung beherrschen läßt, er sei ein Schreibender *zweiter Klasse*, nimmt die Haltung eines Hundertmeterläufers ein, der, weil er sich darauf konzentriert, seine ganze Kraft in den ersten hundert Metern auszugeben, schon vorher langsamer wird.

Er macht sich einem Glaubenssatz untertan. Damit ist er nicht mehr der Urheber seiner Wörter. Die Unterscheidung zwischen Journalismus und Prosa läßt sich nicht durchgehend aufrechterhalten. Die Trennung mit dem Begriffsbeil demotiviert den journalistisch Arbeitenden. Indem er sie übernimmt, verurteilt er sich insgeheim zum Ausführer. Ein Ausführender setzt weniger von seinen Kräften frei als ein Anreger. Die einzige Waffe, die der Ausführer gegen seinen natürlichen Feind, den Anschaffer, hat, ist die Verweigerung seiner Kreativität. Seine – unbewußte – Haltung ähnelt der eines Menschen, der sich sein Leben lang im Bummelstreik befindet. Er kann sich nichts anderes vorstellen, als »Dienst nach Vorschrift« zu tun.

Literatur ist eine Ansammlung von Wörtern, die Erlebnisse schafft, weil sie Erlebnisse schaffen soll. Artikel sind eine Ansammlung von Wörtern, die informieren sollen. Sie schaffen manchmal Erlebnisse als Nebenergebnis, etwa dadurch, daß jemand erfährt, sein Festgeld wird mit einem Prozent weniger verzinst; oder amerikanisches Plutonium tötete über tausendfünfhundert Menschen im grönländischen Thule. Journalistische Wörter sind der Durchgang zu einem Ereignis, das mich erleben macht; literarische Wörter sind selbst das Ereignis. Dieser Unterschied besteht nicht immer. Ein journalistisch beabsichtigter Text kann so brillant und so dicht mit Sinn beladen sein, als stamme er aus dem Werk eines Prosadichters, so daß er selbst zum Ereignis wird, wie zum Beispiel die Reportagen der »Spiegel«-Redakteurin Marie-Luise Scherer.

Marie-Luise Scherer belädt ihren Wörtergüterzug im »Spiegel« mit so viel Fracht, daß sie in einem Jahr nicht mehr schreiben kann als vielleicht fünfzig Seiten. Man kommt nicht umhin, ihre Reportagen »Literatur« zu nennen. In einem Text über eine Modeaufführung in Paris schrieb sie: »Selten liegt der Schal auf dem kürzesten Weg so um den Hals, daß er nur wärmt. Häufig wird er wie die Capa eines Toreros nur auf einer Seite getragen. Manchmal spannt er sich wie der Tragegurt eines Klavierschleppers oder die Armschlinge eines Invaliden von der linken Schulter diagonal über den Rücken und endet in einer satten Quaste auf dem rechten Rippenbogen. In seiner anspruchsvollsten Drapierung bildet der Schal einen Blütenkelch. Zyklamrot und sehr halsfern liegt er dann mit dem Gestus verwelkender Außenblätter auf dem Mantel und zwingt den Kopf seines Trägers in die Rolle der Mittelknospe.«

»Auf der Bühnenwand erscheint der Name des Couturiers. Die Musik setzt ein, und wie von Katapulten geschleudert rasen die Mannequins schon auf ihrer Bahn. Sie sind aller Gangarten mächtig. Als würden sie gezogen oder vom Wind gedrückt, treiben sie in den Applaus hinein. Bei jedem Schritt drehen sie ihre Füße auswärts, als müßten sie ein Insekt austreten. In einem schlingernden Vorwärtsbewegen ahmen sie die Kontraktionen einer Schlange nach, die ein Beutetier aus der Rachenzone in die Tiefe würgt. Dazu bringen sie ein Lächeln aus den Kulissen mit, als wirke eine unglaubliche Geschichte in ihnen nach. Die Photographen stellen sich quer zum Laufsteg und biegen ihren Oberkörper seitlich tief herunter für ein frontales Bild. Dabei will jede Schulter, als hinge sie aus dem Beiwagen eines Motorrades, die andere an Reichweite überragen. Die Moderedakteurinnen machen in großen gehetzten Buchstaben ihre Notizen. Nach den Attacken ihrer Filzstifte muß es ungeheure Neuigkeiten geben. Sie bringen simultane Skizzen zu Papier, indem ihre Striche das Übertriebene noch einmal übertreiben.«

Marcel Proust beschreibt, wie ein Gast spät ankommt im Salon der Madame Verdurin, ein großbürgerlicher Treffpunkt im Paris vor dem ersten Weltkrieg: »In der Kleiderablage ... fiel ihm zum ersten Mal die durch die unvermutete Ankunft eines so späten Gastes noch einmal aufgeweckte, überall verteilte, prächtige, unbeschäftigte Meute hochgewachsener Diener auf, die hier und da auf Bänken und Truhen schliefen und nun ihre edlen, scharfgezeichneten Windhundprofile reckten, sich erhoben und sich um ihn scharten. Der eine von ihnen, der besonders trutzig wirkte und etwa einem Henker auf gewissen Renaissancebildern glich, die Folterungen darstellen, trat mit unbeweglicher Miene auf ihn zu, um ihm die Sachen abzunehmen. Doch wurde die Härte seines stählernen Blicks durch die Weichheit seiner Baumwollhandschuhe kompensiert, so daß es Swann vorkam, als bezeige er zwar Verachtung für seine Person, desto größeren Respekt jedoch für seinen Hut. Er nahm ihn mit einer Behutsamkeit entgegen, die in ihrer absoluten Korrektheit etwas Gemessenes und Zartes hatte, durch die seine physische Kraft etwas fast Rührendes bekam. Dann reichte er ihn an einen seiner Gehilfen weiter, der, noch ein schüchterner Neuling, die Angst, die ihn beseelte, dadurch verriet, daß er wütende Blicke nach allen Richtungen sandte und das aufgeregte Gebaren eines gefangenen Tieres in den ersten Stunden seiner Zähmung bewies.«

Literatur, ob Prosa oder Lyrik, ist deshalb »Literatur«, »Dichtung«, weil mehr gesagt wird, als gesagt wird. In dem einen Satz: »... als bezeige er zwar Verachtung für seine Person, desto größeren Respekt jedoch für seinen Hut«, werden verschiedene Zustände in der französischen Gesellschaft kurz vor dem ersten Weltkrieg gespiegelt. Dem Diener war der Hut nicht wichtiger als der Träger des Hutes, er hielt sich am Hut fest als an einem Verbindungsmittel, über den Hut teilte er sich dem Träger mit. Mit dem Träger selbst wagte er sich nicht in Verbindung zu setzen. Der Hut war der Stellvertreter des Trägers, der Diener behandelte ihn wie eine Kostbarkeit und meinte den Träger, weil er mit diesem selbst kein Gespräch führen durfte. Das »Trutzige«, die »unbewegliche Miene«, mit der er auf den Gast zutrat, und sein Verhalten, das Swann an einen Henker »auf gewissen Renaissancebildern« erinnerte, die »Härte seines stählernen Blicks« zeigte dem Besucher, daß er, der Diener, sich mit äußerster Disziplin an die gültigen Regeln zu halten gedachte; daß für den Besucher keine Gefahr bestehe, der Domestik könnte zu ihm in Beziehung treten wollen, die soziale Reviergrenze zu überschreiten versuchen, und sei es nur durch freundlich arrangierte Gesichtszüge, die in dieser streng geregelten Gesellschaft schon etwas von Werbung für den Wert der eigenen Person hätten bedeuten können. Der »stählerne Blick« reflektiert die stählerne Grenze zwischen den Schichten. Er wird dem Besucher entgegengebracht als eine Garantie, daß hierarchisch alles in Ordnung, daß seine gesellschaftliche Stellung von der geschichtlichen Entwicklung noch nicht erreicht worden ist und daß der Diener seinen Dienst nicht mißbrauchen wird, sich Vertraulichkeit zu erschleichen. Je »stählerner« der Blick der Diener, um so sicherer die Ordnung der Vergangenheit. Der Stahl im Blick bildet eine Wand gegen das anbrandende Jahrhundert, das bürgerlich-demokratisch zu nennen wir Anlaß haben, wenn auch niemals genug. Marcel Proust konnte den Blick als »stählern« erkennen, weil er in einer Übergangszeit lebte, in der die Grenzen zwischen den sozialen Schichten schlierten. Der Diener liebkost den Hut, weil er sich nach der Überwindung der sozialen Grenzen sehnt, eine Sehnsucht, die ihn hundert Jahre früher wegen Aussichtslosigkeit nicht bedrängt hätte. Während seine Hände sich über die gesellschaftliche Barriere tasten, ermahnt er sich selbst mit der Kälte des »stählernen Blicks«. Die Kälte, die den Besucher Swann als Blick trifft, ist die Kälte, mit der der Diener seine Gefühle einfriert.

Die wenigen Wörter, die Proust gebraucht, um zu sagen, daß der Besucher einer Abendgesellschaft seinen Hut an der Garderobe abgibt, springen im Gehirn des Lesers herum wie die Signallichter in einem Automaten, von Erinnerung zu Erinnerung, von einer gespeicherten Erkenntnis zur anderen. Sie lösen ein Gewitter aus, durch das der Leser Stücke von sich beleuchtet findet.

Die Mitteilung: »Der Gärtner entfernte sich eilig, und Eduard folgte bald. Dieser stieg nun die Terrassen hinunter, musterte im Vorbeigehen Gewächshäuser und Treibebeete, bis er ans Wasser, dann über einen Steg an den Ort kam, wo sich der Pfad nach den neuen Anlagen in zwei Arme teilte. Den einen, der über den Kirchhof ziemlich gerade nach der Felswand hinging, ließ er liegen, um den anderen einzuschlagen, der sich links etwas weiter durch anmutiges Gebüsch sachte hinaufwand; da, wo beide zusammentrafen, setzte er sich für einen Augenblick auf einer wohlangebrachten Bank nieder, betrat sodann den eigentlichen Steg und sah sich durch allerlei Treppen und Absätze auf dem schmalen, bald mehr, bald weniger steilen Wege endlich zur Mooshütte geleitet« – diese Mitteilung aus Goethes »Wahlverwandtschaften« kann, so interessant sie als Meldung des Autors Goethe ist, diesen elektrischen Wirbelsturm im Gehirn nicht auslösen. Sie informiert. Man kann als Schreibender den Standpunkt einnehmen, informieren sei eine Tätigkeit, die nicht so hoch einzustufen sei wie das Auslösen von Elektrostürmen im Gehirn. Leitet man daraus den Schluß ab, es komme deshalb auf eine Regieanweisung oder eine Beteuerungsformel nicht an, handelt man wie ein Holzhandwerker, der sagt, weil mein Tisch keine Christusfigur ist, muß die Oberfläche nicht so glatt und die Beine brauchen nicht gleich lang zu sein. *Handwerkliche* Qualität hängt nicht vom Zweck ab. Eine schlecht präsentierte Information liest sich nicht besser, weil sich der Leser sagen kann, es handele sich nicht um ein Gedicht.

Was folgt daraus für einen Volontär der »Frankfurter Rundschau« oder der »Westdeutschen Allgemeinen Zeitung«? Wenn die institutionalisierte Unmenschlichkeit der Langeweile auf den politischen Seiten der Zeitungen aufgebrochen werden soll, wenn jeder Leser sich in den Texten erkennen soll, müssen die Autoren sich mit jedem Satz, den sie geschrieben haben, genießen. Was der Autor an sich genießen kann, sind nicht die anderen, auch nicht die Toten.

Warum sollte folgende Passage, beliebig herausgegriffen aus dem Roman »Die Liebe in den Zeiten der Cholera« von Gabriel Gacía Márquez, nicht auf der Titelseite der »Frankfurter Rundschau« stehen?: »Sie spielte Einkaufen, gewiß, doch was sie wirklich brauchte, kaufte sie, ohne lange zu überlegen, mit einer Bestimmtheit, die niemanden auf den Gedanken kommen ließ, daß sie es zum ersten Mal tat, machte sie es doch in dem Bewußtsein, nicht nur für sich, sondern auch für ihn einzukaufen, zwölf Ellen Leinen für die Tischdecken ihres gemeinsamen Tisches, Baumwollen für die Hochzeitslaken, die in der Kühle des Morgengrauens die Erinnerungen der Nacht aufsaugen sollten, von allem nur das Erlesenste, um es gemeinsam im Haus der Liebe zu genießen. Sie wußte, wie man um den Preis handelt, argumentierte mit Charme und Würde, bis sie das Beste bekam, und zahlte dann mit Goldstücken, die die Kaufleute aus Freude am Klang prüfend auf dem Marmor des Ladentisches klimpern ließen.«

Angenommen, der Text stammte aus einem Bericht über einen Aufenthalt der Frau des Bundeskanzlers in London, er enthält keine Formulierung, kein Wort, das nicht auf der ersten Seite einer Tageszeitung stehen könnte. Mancher wird fragen, was ist mit dem Satz: »Baumwolle für die

Hochzeitslaken, die in der Kühle des Morgengrauens die Erinnerungen der Nacht aufsaugen sollten«? Soll auch diese Passage auf einer ersten Zeitungsseite stehen? Bundeskanzler, die keine Liebesnächte haben, sollten uns nicht regieren.

Zum Sinn der Schreiberei

Die Schildbürger wurden dümmer, weil sie sich entschlossen hatten, dümmer zu werden. Die Selbstbescheidung der Autorenmasse, die in Form von Pressetexten durch das Land rauscht, drückt die allgemeine Kreativität auf ein niedrigeres Niveau. Die Menschen haben wegen der konventionell geschriebenen Sätze in den Zeitungen weniger Einfälle, sowohl was die öffentliche Verwaltung betrifft als auch die Gestaltung der Häuserzeilen in den Städten. Der schlafende Einfallsreichtum der vielen kann nicht in die öffentliche Diskussion erlöst werden.

Von Jahr zu Jahr können weniger Menschen mehr Gegenstände herstellen. Als Reaktion auf den Druck der Konkurrenz holen die Menschen mehr industrielle Einfälle aus sich heraus. Durch nationalen und internationalen Wettbewerb getrieben, produzieren sie mehr, als sie brauchen, was dazu führt, daß die Fähigkeit zu verkaufen zu den schwierigsten und am besten bezahlten Fähigkeiten geworden ist, eine Fähigkeit, die Mr. Ronald Reagan das Präsidentenamt der Vereinigten Staaten eingebracht hat. Sie lassen sich vom Mechanismus des Wettbewerbs zwingen, neue Bedürfnisse zu schaffen, durch deren Befriedigung ihre Lebensgrundlagen zu zerstören und in ihrer Nachbarschaft soziales Elend zu erzeugen, das wir uns angewöhnt haben als »Arbeitslosigkeit« zu bezeichnen, obwohl man dazu eher sagen sollte »Einkommensverweigerung«. Während wir alles tun, zugunsten des Wettbewerbs Arbeitsplätze abzuschaffen, reden wir öffentlich fortwährend darüber, wie man »Arbeitsplätze sichert«. Wir übergeben das menschliche Leben der Maschinerie Wettbewerb, in religiöser Starre. Das allgemeine Hintergrundbrummen versichert uns täglich an 24 Stunden, wir müßten mehr verkaufen.

Niemand fragt öffentlich, warum müssen wir das? Die Antwort, die den niemals Fragenden gegeben wird, lautet: Wir müssen »Arbeitsplätze sichern«. Wir brauchen keine Arbeitsplätze, wir brauchen Schuhe, Nudeln, Betten, Wohnungen, Musik und Kartoffeln, Anzüge und Würste, Badewannen und Artischocken, Haarnadeln und Rotwein, Kopfschmerztabletten und Lastwagen, Bilder, Bücher und Brot. Wenn wir nur herstellten, womit wir bisher gelebt haben, die Nachfrage sich selbst überließen und sie nicht durch Werbung nötigten, wir könnten mit der Hälfte der Arbeitszeit auskommen, zerstörerische Arbeitsplätze abschaffen, Luft, Gewässer und Böden entlasten und wieder mehr zu uns selbst finden. So verlockend diese Aussicht auch ist, jeder öffentlich Schreibende leiert die Formel von der Notwendigkeit »wirtschaftlichen Wachstums« nach, nicht anders als diejenigen, die einen Rosenkranz beten oder im Tibet Gebetsmühlen drehen. Die Gläubigen der Wettbewerbsreligion ähneln in ihrem Verhalten dem Stier während eines Stierkampfes. Der Stier unterliegt einer

Täuschung, die er bis zu seinem Tod nicht durchschaut. Von dieser Täuschung lebt die ganze Veranstaltung. Ein Kampfstier, der begriffen hat, daß nicht das rote Tuch sein Gegner ist, vielmehr der Mann dahinter, ist für das Schauspiel unbrauchbar. Bleibt der Stier nach einigen wilden Läufen gegen die Muleta vor Erschöpfung stehen, um Luft zu holen, sieht er aus, als versuche er zu begreifen, woran es liegt, daß sein Herausforderer keine Masse hat; warum der Aufprall ausbleibt, obwohl er den Gegner riecht. Der Stier sieht alles vor sich, Torero und Muleta, niemand verbirgt ihm etwas.

Es sind nicht seine Augen, die schlecht funktionieren. Es ist sein Gehirn, das die Wirklichkeit zugunsten des Torero umzeichnet. Er möchte bei jedem Anlauf gegen die Muleta noch schneller rennen, mit dem Kopf noch fester zustoßen. Er möchte verzweifelt gern ein noch besserer Stier sein. Je mehr er sich abmüht, seine Sache besser zu machen, um so besser macht er die Sache des Torero. Je genauer er dem Fehler in seinen Gehirnzellen folgt, um so leichter für den Torero, den Stier abschnurren zu lassen, wie es ihm gefällt. Je mehr Kraft der Stier aus sich herauspumpt, um so bewegungsloser steht er am Schluß vor dem Matador, dem »Töter«, wenn dieser mit dem Degen zwischen seine Schultern zielt.

Die Umstellung unserer Volkswirtschaft auf ein System mit weniger Wettbewerb scheint unmöglich, die Absicht unsinnig. Alle Argumente, die die Befürworter vorbringen, sind richtig. Der Wettbewerb – sofern er frei funktioniert und nicht durch Absprachen zwischen Unternehmern ausgeschaltet wird – garantiert Qualität, angemessene Preise, Innovationen und ständige Verfügbarkeit der Produkte. Wenn man die bestmögliche Versorgung der Bürger mit allen Waren im Auge hat, gibt es keine bessere Methode als die freie Marktwirtschaft.

Wenn das Wettbewerbsprinzip das Leben der Menschen am stärksten prägt, prägt das Kaufen und Verkaufen das Leben der Menschen bis in die private Sphäre. Es gibt noch andere Kosten des Wettbewerbsprinzips. Freier Wettbewerb führt zum freien Spiel der stärkeren Kräfte. Der freie Wettbewerb wirft die Schwächeren aus dem Markt, die wenigen Starken einigen sich. Nicht alle und nicht immer. Doch jeder konnte während der vergangenen zwanzig Jahre seinen vertrauten Tante-Emma-Laden aus dem Straßenbild verschwinden sehen und kurz darauf die Firmenzeichen einer europaweiten Handelskette. Kein Tag, an dem wir nicht von der Fusion zweier großer Unternehmer lesen. In dem Maße, in dem der Markt zum planetaren Markt wird, gibt es, auf höherer Ebene, wieder mehr Konkurrenz. Doch kann keine Macht der Welt die großen Firmen daran hindern, diesen Markt unter sich aufzuteilen, so daß wir einen wesentlichen Vorteil des Wettbewerbs verlieren, während die Nachteile sich vermehren. Der Wettbewerb – so weit er existiert – zwingt die Teilnehmer, mit weniger Arbeitenden mehr herzustellen und mehr Dienstleistungen anzubieten. Da ist kein böser Wille, keine Wut auf die Lohnempfänger im Spiel, es ist ein automatenhafter Zwang: Wer seine Produkte bei gleicher Qualität billiger verkaufen kann, zwingt die Konkurrenten zu reagieren. Diesen Zwang federn Staaten und Länder in manchen

Fällen ab durch Geschenke, die wir unter dem Namen »Subventionen« kennen, das heißt, indem sie mit dem Geld unserer Abgaben Unternehmen einen Teil der Kosten abnehmen, damit diese billiger verkaufen können. Das ist einer der Gründe, warum der deutsche Staat 2000 Milliarden Mark Schulden hat, die wegen ihrer Höhe und der Höhe der Zinsen niemals abgetragen werden können, es sei denn durch eine Währungsreform, so wie sich der Staat 1948 von seinen Kriegsschulden befreite, indem er eines Morgens erklärte, ab sofort sind hundert Mark nur noch zehn Mark wert.

Die Marktwirtschaft ist nicht so marktwirtschaftlich, wie sie behauptet. Siemens und Daimler-Benz zum Beispiel verdienen mehr Geld mit Geldverleihen als mit Produkten (nachzulesen in der »Wirtschaftswoche«), weshalb man in Unternehmerkreisen den Siemens-Konzern eine gutgehende Bank nennt mit angehängtem Elektroladen. Trotzdem zahlt der deutsche Staat den beiden Konzernen Zuschüsse für den Bau neuer Fabriken und für Forschungsarbeiten. Auf diese Weise umgehen Staat und Unternehmen das Prinzip des Wettbewerbs, von dem sie behaupten, die Demokratie hänge von ihm ab. Wo der Staat nicht hilft, weil der Hilfesuchende nicht reich genug ist, entwickeln Eigentümer von Herstellungsanlagen unter dem Druck, sonst den Betrieb und Einnahmen zu verlieren, Phantasie für Verbesserungen der Arbeit und der Technik, die ihnen erlauben, mit weniger Menschen die gleiche Stückzahl oder mehr herstellen zu lassen. Die Konkurrenznot erzwingt technischen Fortschritt, macht Eigentümer kreativ. Der koreanische und japanische Unternehmer jagt den europäischen und amerikanischen nach vorne zu raffinierteren Arbeitsformen und zu größerem Erfindungsreichtum und umgekehrt. Als Folge des Wettbewerbs sind die Produktionstechniken immer in Verwandlung zu größerer Leistung.

Das Ziel des Wettbewerbs ist, arbeitende Menschen überflüssig zu machen und kaufende Menschen zu vermehren. Der ideale Wirtschaftsbürger des Wettbewerbs wäre derjenige, der nichts verdient und enorm viel kauft. Wettbewerb schafft ein globales Dilemma. Ein Dilemma bedeutet: Welche von zwei Entscheidungen man auch trifft, sie ist unangenehm.

Eine unvermeidliche Begleiterscheinung des Wettbewerbs ist Arbeitslosigkeit bei gleichzeitiger Überproduktion. Vollbeschäftigung kann es nur für kurze Zeit nach Katastrophen geben, wie nach dem Zweiten Weltkrieg, wenn es den Menschen an allem fehlt. Um verkaufen zu können, was niemand verlangt, wie in normalen Zeiten, sind die Anbieter gezwungen zu werben. Das Überreden kostet unsere Volkswirtschaft schätzungsweise 50 Milliarden Mark. Wir bezahlen beim Kauf, daß wir überredet worden sind. Das Unternehmen, das nicht wirbt, wird von der werbenden Konkurrenz aus dem Markt gedrückt. Ihre Mitarbeiter müssen den Unterhalt vom Staat beziehen.

Werbung alleine würde nicht so viele Menschen zum Kaufen bewegen, wie nötig ist, um die Überkapazitäten in der Produktion auszulasten. Formen, Farben, Größe und Eigenschaften aller Gebrauchsgegenstände müssen immer wieder verändert, künstlich veraltert werden, die Menschen sollen dauernd mit den Veränderungen von Kugelschreibern, Regenschirmen, Autos, Brieftaschen und Schuhen beschäftigt werden. Sie dürfen nicht zur Kaufruhe kommen, sie sollen immer irgend etwas brauchen müssen, was sie nicht brauchen. Auf diese Weise bleiben Arbeitsplätze erhalten. Diese Art der Sicherung von Arbeitseinkommen schafft eine Infantilisierung der Völker, eine Spielzeuggier, einen konzentrierten Blick auf Dinge, die Monate später Mülldeponien und Flohmärkte füllen.

Weil jeder Unternehmer untergeht, der nicht mitmacht – von Ausnahmen wie Spezialisten und Handwerksbetrieben abgesehen –, entwickelt sich Rücksichtslosigkeit zum allgemein akzeptierten Grundverhalten, gegenüber der Konkurrenz zuerst, dann gegenüber den Mitmenschen, den Tieren, den Nahrungsreserven, den Bodenschätzen, dem Trinkwasser. Der Planet wird geplündert, legal und moralisch unangreifbar. Wer nicht mitmacht, ist ein schlechter Kaufmann, er hat den Wettbewerbsnachteil selbst verschuldet, er gefährdet Arbeitsplätze.

Die einzige Alternative zur Wettbewerbswirtschaft in diesem Jahrhundert, die Planwirtschaft von der Elbe bis Wladiwostok, hat durch ihre terroristisch-absurden Mängel den Menschen in den westlichen Industrieländern die Hoffnung genommen, daß es einen Ausweg geben könnte aus dem globalen Dilemma kapitalistischen Wirtschaftens. Die Ansicht verfestigte sich zum fundamentalistisch unduldsamen Glauben, der Nutzen des freien Wettbewerbs sei so segensreich, daß alle seine Nachteile als Preis in Kauf zu nehmen seien, auf unabsehbare Zeit.

Wer im Monat 30 000 Mark verdient, schickt für 30 000 Mark Produktionsbefehle in die Gesellschaft, auch wenn er das Geld verschenkt. Würde ein Abgeordneter darauf bestehen, diesen Gedanken öffentlich zu diskutieren, er käme nicht weit. Die Parteifreunde in der Führung würden ihn schnell zum Schweigen bringen, ihre Zukunft hängt gerade von denen ab, die durch eine obere Einkommensgrenze verlieren. Es dürfte nicht leicht sein zu begründen, warum jemand mehr als 10 000 Mark braucht, es sei denn, er müsse eine Familie ernähren mit zehn Kindern. Eine obere Einkommensgrenze zum Beispiel wäre der beste Umweltschutz.

Im Sommer 1996 gab die Deutsche Babcock bekannt, daß das Unternehmen demnächst ein Drittel ihrer Mitarbeiter entlassen werde (daß die »Belegschaft abgebaut wird«). Am selben Tag stieg ihr Aktienkurs in Frankfurt um drei Punkte. Die großen Beweger unserer Volkswirtschaft haben nicht die Wahl: entweder mehr Gewinne oder weniger Arbeitslose. Dafür sorgt die Weltkonkurrenz. Das bestätigt uns jede Zeitung, jede Rundfunkstation und jeder Fernsehsender bei jeder Haushaltsdebatte und bei jeder Tarifverhandlung. Die These erscheint uns so gültig wie ein Naturgesetz. Gegen ein Naturgesetz gibt es kein Mittel. Und die schrecklichen Folgen der Planwirtschaft sind uns noch in Erinnerung. Wir sind überzeugt, daß es nur dieses Entweder-Oder gibt. Beim Durchblättern der Liste von Erfindungen, die in einem Jahr im Europäischen Patentamt angemeldet werden, wundert man sich über die Originalität, Intelligenz, denkerische Beweglichkeit der Erfinder. Man staunt, was das menschliche Gehirn an Lösungen bereithält, sobald irgendwo ein technisches Problem auftaucht. Unsere soziale Phantasie scheint erstarrt wie die Oberfläche des Mondes, so daß selbst noch die Opfer des Dilemmas alternative Wirtschaftsformen für utopisch halten. Eine Variante zwischen den zwei Extremen wird öffentlich nicht einmal erwogen. Daß ein anderer Weg noch nicht möglich ist, liegt daran, daß er öffentlich nicht erwogen wird.

Die Masse der Bürger versteht wenig von Volks- und Weltwirtschaft. Von Indoktrinierten kann man keine soziale Kreativität erwarten. Die Vorstandsmitglieder in Parteien und Konzernen wissen, daß die Produktivität in den Betrieben in nächster Zeit mit äußersten Anstrengungen weiter vorangetrieben wird, um gegen die stärker werdende Bedrängnis durch Weltmarktkonkurrenz bestehen zu können, und daß das Ergebnis sein muß, mehr und mehr Menschen in die Arbeitslosigkeit zu treiben und mit Staatsgeldern auszuhalten. Die Produktivität steigt schneller als der Konsum. Man kann den Firmen nicht befehlen, langsamer zu arbeiten. Die Regierenden werden aus Angst, abgewählt zu werden, weitere Schulden machen auf Kosten der kommenden Generationen, bis zu dem Punkt, wo es kein Zurück mehr gibt, wo der Staat zahlungsunfähig wird und die Banken unter den Außenständen zusammenbrechen – und sie wissen es jetzt.

Das unaufhörliche Ableiern vom Segen des Wettbewerbs führt aus dem Dilemma nicht heraus. Es ist unwahrscheinlich, daß wir morgen eines der größten Platinvorkommen im Harz finden, das wir wohlstandmehrend auf dem Weltmarkt verkaufen könnten. Uns kann nur helfen, was man im Alltag einen guten Einfall nennt, soziale Erfindungen.

Einfälle entstehen am schnellsten und häufigsten im angeregten Dialog, im Volksbrainstorming. Journalisten hätten eine wunderbare Aufgabe darin, soziale Alternativen zu erörtern – sie müssen seit der Wende nicht mehr fürchten, dann als Vaterlandsverräter abgestempelt zu werden –, statt die Auffassungen nachzubeten, die die Privilegiertesten unserer Gesellschaft publizistisch schneien lassen. Geduldige Redakteure, die durch stetiges Lernen ihre Unkenntnisse abtragen, könnten durch Texte mehr und mehr Politiker in andere Richtung drängen. Welchen Sinn hätte alle Schreiberei, wenn nicht ihr erstes Ziel wäre, das Elend in der Welt ein wenig zu vermindern.

Wir haben bestimmte Wünsche und wagen bestimmte Wünsche nicht zu haben wegen bestimmter Sätze in den Zeitungen und wegen bestimmter fehlender Sätze.

Kalkgrüne Grillen schnauben Pferdestärken – Anmerkungen zur Sprache von Kulturkritikern

Von allen Unverständlichkeitswüsten in der Presse ist die Kulturkritik die unwirtlichste. Im Vergleich zu ihr sind die notorisch unbegreiflichen Artikel über Politik und Wirtschaft dem Leser durch gelegentliche Klarheit gefällig. Man könnte die Wochenend-Beilagen der Zeitungen auf die Hälfte ausdünnen, würde man nur stehen lassen, was die Autoren selbst verstehen. Politischer Jargon ist aus anderen Gründen unverständlich als der ästhetische. Wer politisch gemeinte Texte drucken läßt, übernimmt meist die Dunkelheit derer, die ihre Macht damit sichern – es ist schwierig, sich aus einem fremden Textambiente zu befreien. Der politische Texter verharrt in der Unverständlichkeit, die äußere Umstände anbieten. Wer über Bilder, Gebäude oder Musikaufführungen unverständlich schreibt, erschafft die Unverständlichkeit selbst. Die abstrakte Formulierung des politischen Autors ist eine erlittene, die des Zeitungs-Ästheten eine genossene. Das eine nimmt man als Leser hin, das andere provoziert. Der politisch Dunkle bleibt dunkel, weil er nicht genug erfährt oder aus handwerklichem Mangel, der kunstkritisch Dunkle benutzt den Leser, um sich zu vergrößern.

Eine Mitarbeiterin der »Süddeutschen Zeitung« schrieb über den italienischen Maler Giorgio Morandi: »Seine Arbeiten stellen die Frage nach den Möglichkeiten der Wahrnehmung und ihrer künstlerischen Umsetzung.« Solche Erregtheit heckt Rätsel durch Selbsttäuschung. Der geheimnisvoll raunende Kritiker belügt sich mit der Haltung, mit der er sich an den Schreibtisch setzt. Seine Maler malen nicht, sie »schaffen ein Werk«. Der Maler und Kunsttheoretiker Hans Platschek aus Hamburg nennt diese Sprache »Sprache mit Pedal«. So schreibt man, wenn man vor der eigenen Ergriffenheit kniet.

Mancher, der für Zeitungen über Bilder schreiben will, verstellt sich vor Picassos Stierkopf aus Fahrradsattel und

Lenkstange, er glaubt, Ehrfurcht vor dem Einfall des Spaniers empfinden zu müssen, weil die Montage von einem Künstler stammt, dessen Bilder auf dem Weltmarkt viele Millionen Dollar einbringen. Die Ehrfurcht vor dem Stier-Kürzel gilt in Wirklichkeit der wirtschaftlichen Macht des Malers. Der zur Ehrfurcht entschlossene Bedeutungshuber verstellt sich so entschieden, daß er den Glauben genießen darf, es habe ihn gepackt. Insgeheim nimmt er sich übel, daß er sich verstellen, sich das Gebeuteltwerden einreden muß. Seine hochtrabende Unaufrichtigkeit wäre nicht so schlimm, wenn sie ihn und andere nicht daran hinderte, das Neue, das Picasso in dic Malerei gebracht hat, zu erkennen und es zu genießen.

Die großen Wörter haben den Sinn, die Kritiker groß erscheinen zu lassen. Je größer ihre Wörter – »Akt der Selbstfindung am Rande des Nichts« –, um so größer, so hoffen sie, werde dem Leser ihre Kompetenz erscheinen. Das ist in der Literaturkritik anders. Kritiker von Texten stellen selbst Texte her, haben meist mit dem Ehrgeiz ihre Texter-Karriere begonnen, als Schriftsteller oder Dichter anerkannt zu werden, und sich im Laufe des Lebens damit begnügt, andere Texte zu untersuchen. Sie stellen häufig fest, die untersuchten Autoren sind nicht immer so gut, wie sie glauben, selbst sein zu können, wenn sie sich nicht mit Kritisieren begnügt, statt dessen literarische Texte produziert hätten. Deshalb überwiegen in der Literaturkritik mehr oder weniger einfühlsame Verrisse.

Einer Münchener Journalistin, die intelligente Buchkritiken schreibt, fielen zu einer Bilderausstellung Wendungen ein wie: »Was ist das Leben? Das vage Befinden eines kreatürlichen Daseins, der nackte Zustand der Existenz.« Man erkennt die Hilflosigkeit der Autorin deutlicher, reiht man die Substantive aneinander: Leben, Befinden, Dasein, Zustand, Existenz. Bei dem Satz handelt es sich um eine Pleonasmuskugel, die die Autorin vor sich herrollt. Sie macht es sich schwerer als andere, nichts zu sagen. Der nächste Satz im selben Artikel bestätigt ihre Fähigkeit, pleonastisch die Aussage zu verweigern: »Er bedient sich einer Formensprache, die einerseits auf die ästhetische Autonomie des Kunstwerks setzt, andererseits erst im Dialog mit dem Betrachter zur Sprache kommt.« Eine Formensprache setzt auf etwas, und wenn man in der Galerie das Licht ausschaltet, ist das Bild kein Kunstwerk mehr, weil es mit dem Betrachter keinen Dialog führen kann. Der Leser, von Feuilleton-Redaktionen zur Bescheidenheit domestiziert, gibt sich damit zufrieden, daß er aus dem Schwulst die Nachricht herauslesen darf, der Maler male anders als andere Maler.

Für die Existenz eines Satzes ist es nicht notwendig, daß er Sinn habe. Die Unverständlichkeit von Texten fördert weniger unseren kritischen Scharfsinn als die Dumpfheit, in die wir uns zurücknehmen, wenn wir nicht verstehen und wenn wir die Unfähigkeit nicht wahrhaben können. Wenn wir nicht verstehen, fühlen wir uns schuldig. Diesen Umstand machen sich Vokabel-Schwarzhändler und Formulier-Hallodris zunutze.

Es ist nicht schwer, eine halbe Schreibmaschinenseite oder mehr mit einem Text zu bedecken, aus korrekter deutscher

Grammatik, mit allgemein gebräuchlichen Vokabeln und der Bedingung, daß niemand verstehe, wovon der Text handle. In einer Kärntner Wochenzeitung wird über eine Ausstellung zweier Künstlerinnen berichtet, die sakrale Bilder und Plastiken zeigte: »Die Gegenzeichen, von Schellander und Kogelnik selbstbewußt gesetzt, sind ein mehr als deutlicher Hinweis dafür, daß die Kunstsprache unserer Tage mit dem Reibebaum Kirche, hinter dem Jahrhunderte dämmern, durchaus zu Rande zu kommen versteht; daß aus dem Umgang mit fordernder Tradition Antworten gelingen, aus denen die Zukunft deutliche Signale zu filtern vermag ... Hier schließt sich im Trigon von Meina Schellanders doppelspiraligem, fest ummauertem Körperraum, von Kogels Sinnfälligkeit und historischer Hemma-Schau auch kein Kreis (Hemma ist eine Kärntner Heilige – d. A.); hier wird an der Trennlinie weitergeschrieben und weiter bezeichnet, die allen Zweifeln zum Trotz den Menschen als Krone der Schöpfung nicht fallen lassen möchte.« Ob ich diese Wörterfolge verwende oder ob ich schreibe: »Salzsuppenhaftes Girren verband sich mit gläserner Rüpelhaftigkeit« – die Erkenntnisblindheit ist in beiden Fällen die gleiche. Die Wörter lösen kein Verständnis aus. Der Redakteur des Wochenblattes behauptet, eine Trennlinie möchte etwas Bestimmtes nicht fallen lassen, und zwar den Menschen als Krone. Der Autor ist überzeugt, er erkenne Sinn in seinen Formulierungen. Wer ihn nicht versteht, ist nach seiner Auffassung entweder zu dumm oder will ihm nicht wohl. Insofern ist er im Wortsinn verrückt.

Er ist verrückt, weil radikal unaufrichtig gegen sich selbst. Was ihm gestattet, auf intellektuelle Weise verrückt zu sein, sind Wörter. Er ist, wie wir Leser, ein Opfer der frühkindlichen Erfahrung, in der Wörter immer einen Sinn hatten. Wo er ein Wort setzt, ist für ihn Sinn. Der Autor las den Text während eines Wettbewerbs um den internationalen Publizistikpreis in Klagenfurt, mit der Überzeugung, er habe eine Chance, mit seinem Text den Preis zu gewinnen.

Schon zwei Wörter hintereinander können Unverständlichkeit herstellen. Jeder versteht »Kalk«, »grün«, »Grillen«, »schnauben« und »Pferdestärken«. Nehme ich diese Reihe von Wörtern als Satz, ist er unverständlich wie das Ewenkische am Baikalsee für Mitteleuropäer: »Kalkgrüne Grillen schnauben Pferdestärken.«

Aus der »Süddeutschen Zeitung« vom 11./12. 3. 95: »Sexy Bilder – gute Bilder? Gedanken zu einer Ausstellung – Ganz ehrlich: Wir wollten es nie wissen. ›How to make a sexy painting.‹ Aber dann hat uns diese altmodische Romantik-Variante eines sonst kräftigeren *four-letter*-Wortes doch interessiert. Schließlich müssen wir schon aus professionellen Gründen in Sachen Kunstherstellung schlichtweg alles wissen.
Was also ist so sexy am *painting*? Das zu erfahren waren wir also in die Seidlvilla gekommen, wo eine Ausstellung der Akademieklasse von Jerry Zeniuk noch bis zum 17. April tabulose Aufklärung verspricht. Wir stellten uns das echt amerikanisch vor, so eine Art ›… in ten easy lessons …‹ Also zum Beispiel erstens: ›Stimmungsvolle Musik und Kerzenlicht dienen der ersten, zärtlichen Annäherung.‹ Das aber hat uns Ignaz Schick beim Vernissagen-Konzert mit seinem infernalischen Sound – eher Sex (mit Saxo-

phon, Plattenspieler, Regler und Tape) als sexy – dann doch ganz schnell ausgetrieben.
Oder so: ›Zweitens, die Kleidung. Empfehlenswert: tiefe Decolletés (die Damen) und stramme Schulterpolster (die Herren).‹ Nichts war's. Kunstsinnige Münchner und Münchnerinnen stehen dummerweise auf's androgyne Intellektuellen-Outfit. Drittens: Verwegene Liebesschwüre? Von wegen. Zeniuk, der die Arbeiten von 29 Studenten vorstellte, theoretisierte erst mal von Farbe, Licht und Raum, von Distanz und Nähe – bis, ja bis uns dann doch noch ein Licht aufgegangen ist. Vielleicht, so dachten wir angesichts eines drallen Meisterwerks, kommt Kunst doch nicht von Können. Und auch nicht vom Wollen. Sondern vom Anmachen! Vielleicht ist also ein ›gutes‹ Bild immer auch sexy. Und andersrum.
So muß es sein! Wir haben's kapiert. Ganz im Gegensatz zu dem bedauernwerten Kunst-Banausen, der die Ausstellung ›irgendwie interessant‹ fand. Idiot! ›Irgendwie interessant‹ fanden wir schon immer jene Mädels, die garantiert total unsexy sind.«

Der Autor schreibt mit einer Radikalität vor sich hin, die man als autistisch bezeichnen möchte. Der Rausch am eigenen Sarkasmus hat manche Intelligenz überwältigt. Man versteht die einzelnen Wörter, man versteht nicht, wovon sie handeln. Man erfährt nicht, wie die Ausstellung heißt und was die Aussteller beabsichtigten. Man kann vermuten, daß der englische Satz »How to make a sexy painting« der Name der Ausstellung sei, sicher ist es nicht. Der Autor beschränkt seine Fähigkeiten auf ironische Andeutungen, er trägt sie in einem Ton vor, dem man anmerkt, daß er sie für witzig hält: »Schließlich müssen wir in Sachen Kunstherstellung schlichtweg alles wissen.« Warum müssen wir schließlich und schlichtweg? Was haben stimmungsvolle Musik und Kerzenlicht mit Malerei zu tun? Oder Decolletés und Liebesschwüre? Meint der Autor »Annäherung« an die Leinwand oder daß Damen erotische Bilder nur in bestimmter Kleidung und Männer und Frauen nur mit dem Aufsagen verwegener Liebesschwüre malen sollten? Es ist unmöglich, dem Text die Antworten zu entnehmen. Statt zu informieren, damit man seiner Wertung folgen kann, begnügt er sich mit Abwerten: »kunstsinnige Münchner und Münchnerinnen stehen auf's androgyne Intellektuellen-Outfit«. Ich wohne seit vielen Jahren in München, bin Münchener, was geschieht mit mir, wenn ich »kunstsinnig« bin? Was sollte ich unterlassen, um nicht »kunstsinnig« zu sein? Er läßt den Aussteller »theoretisieren«, »erst mal«, als wären theoretische Betrachtungen zur Farbe an sich falsch. Bei diesem Text ist mir zum erstenmal bewußt geworden, ein Ausrufezeichen kann ein Indiz sein für Verstandestrübung des Autors. Er schreibt, er habe verstanden – damit die Ironie unübersehbar wird auch für den Dümmsten: »kapiert« –, daß Kunst nicht von Können kommt, sondern »vom Anmachen!« Das Ausrufezeichen fordert den Leser auf, mit dem Autor über dessen Genialität aus dem Häuschen zu geraten. Dem Autor scheint häufiger Logikschwäche zuzusetzen, so, wenn er das Wort »sexy« als »altmodische Romantik-Variante eines sonst kräftigeren *four-letter*-Wortes« bezeichnet. Meint er »geil«? »Geil« ist kein »four-letter-Wort«, darunter pflegen die Angelsachsen Wörter zu verstehen wie »shit« und »fuck«. Außer mit den Albernheiten im Pluralis majestatis

(»Ganz ehrlich: Wir wollten es nie wissen«) belastet der Autor den Leser mit zwei Dutzend Spreizwörtern (fälschlicherweise »Füllwörter« genannt), statt »schnell ausgetrieben«: »dann doch ganz schnell ausgetrieben« oder »dann doch noch ein Licht aufgegangen«, statt ein Licht aufgegangen. Auf zwölf Zeilen: schließlich, schon, also, so, also, noch, echt, also.

Ironie, die nur darin besteht, daß man das Gegenteil dessen sagt, was man meint, ist billig.

Über Gravität

Bestimmte Schauspieler beeindrucken, indem sie sich bewegen, als wären sie schwerer, als sie wiegen. Das Hauptmittel Marlon Brandos ist das Verschleppen von Bewegungen. Er badet in Langsamkeit. Dadurch, daß er pro Minute so wenige Bewegungen macht, wird jedes Hochpressen der Unterlippe gegen die obere Zahnreihe zum finanziellen Ereignis. Er wiegt jetzt 175 Kilo. Im Laufe der Jahre hat er durch das Sich-hinein-versetzen in körperliche Schwere an Körpergewicht zugenommen, bis er wog, was er spielte. Imponiergehabe hatte sich durch Hineinmimen zwischen die Muskelfasern umgewandelt in Fett, so wie Gold zu Blei würde, könnte man einige Elementarteilchen pro Atomkern hineinspielen.

Der Erfolg Brandos beruht, wie jeder Erfolg, auf Authentizität. Er ist in jedem Moment er selbst. Es gibt nichts Überzeugenderes. Inhalt spielt keine Rolle. Hitler hat die

Deutschen in den Krieg getrieben, weil er von sich überzeugt war. Der norwegische Schriftsteller Knut Hamsun hat in den vierziger und fünfziger Jahren viele Millionen seiner Bücher verkauft, vor allem im deutschen Sprachraum, summend und wiedersummend seinen eigenen Ton; es genügt, drei Sätze von ihm vorzutragen, und man erkennt den Hamsun-Sound. Verführung durch Authentizität hat mit Intelligenz nichts zu tun. Echtheit des persönlichen Ausdrucks verführt.

Authentizität zieht Zuhörer, Leser, Zuschauer hinein in ein Nacherleben, in eigene Vergangenheit. Je identischer ein Autor, ein Schauspieler in seinen Äußerungen, um so deutlicher erkennt der Zuschauer, Hörer, Leser sich selbst. Am Ende des »Seewolf« mit James Mason verließ ich breitbeinig schwankend das Kino.

Ein Wort ist keine Augenbraue, die argwöhnisch sich hebt, keine Unterlippe, die sich mißtrauisch-abwägend nach außen stülpt.

Die öffentlich aufgeführte Arbeit von Brando und Schreibenden unterscheidet sich darin, der Schauspieler macht Erleben, ohne den Verstand ansprechen zu müssen; der öffentlich Schreibende muß auch den Verstand ansprechen, um Erleben zu machen. Buchstaben gehen über den Kopf.

Ich spielte einem feinen älteren Herrn, dessen Tochter ich später heiratete, zwei Szenen vor. Er, Schauspieler an den Städtischen Bühnen in Nürnberg, sollte beobachten, ob ich die Raserei des Ferdinand in Schillers »Kabale und Liebe« ordentlich arbeitete und Mortimers Schwärmerei in Schillers »Maria Stuart«. Ferdinands Ausbrüche gegen seinen Vater nachzuleben fiel mir nicht schwer. Weil mein Theater-Fürstvater seine Landsleute als Soldaten nach Mexiko verkaufte, bekam er im Wohnzimmer meiner zukünftigen Schwiegereltern Zornestöne von mir zu hören, die der ostpreußische Schwiegerherr zu billigen schien. Wut vorzuführen tat mir gut, ich war noch in jenem geistigen Alter, in welchem man jede Unbeherrschtheit für heiligen Zorn hält. Was Mortimers Schwärmerei betrifft, so überwältigte mich eine Verstocktheit, sobald ich merkte, man erwarte von mir Begeisterung. Das Darstellen von Schwärmerei verlangt langsamere Bewegungen, und das Gedehnte erwächst aus Selbstsicherheit. Sie fehlte mir. Wer wütend ist, will Gefahren oder Belästigungen durch Drohgebärden abwehren; Wut ist defensiv. Das Schnelle kommt aus der Unsicherheit. Der Verteidigungsvorhang ist um so dichter, je schneller Gebärden und Wörter aufeinander folgen. Wer schwärmt, fühlt sich entspannt und in Sicherheit.

Ein Säugetier hört nicht auf, Säugetier zu sein, weil es schreibt. Der Mensch möchte respektiert werden. Er fürchtet Kritik und Herablassung. Er möchte mit Wörtern vorbauen. Fast alle Menschen verlangt nach gravitätischer Selbstdarstellung, eine entwicklungsgeschichtliche Verzögerung, die auf die Linie des Gorillas zurückgeht. Militärs, Bischöfe, Päpste und andere Herrscher schrecken mit zu großen Krempen, die nicht vor Kälte und Regen schützen sollen. Sie vergrößern mit den Bedeckungen das Kopfprofil. Imponiergehabe ist eine Sparmaßnahme der Natur.

Kommt man breitbeinig daher, Brust und Schultern zum Bug nach vorne verlagert, mit vorgeschobenem Kinn und nach unten verweisenden Mundwinkeln, die Hände wie Klumpen baumeln lassend, braucht man in manchem Fall nicht mehr zuzuschlagen. Man spart Blut, vielleicht das eigene. Imponiergehabe ist die billige Art, sich zu behaupten. Das Blut wird gespart durch Bedrohung. Die Bedrohung ist ein Versprechen, daß man dem anderen die Vorderzähne einschlägt oder sein Gehalt kürzt. Ob man das Versprechen hält oder einhalten kann, ist nicht garantiert. Wäre es das, wäre es keine Sparmaßnahme.

Den Imponierer verbindet mit dem Beteuerer, daß beide nach Anerkennung streben, nicht dadurch, daß sie etwas tun, sondern etwas versprechen. Es ist die kleine Bemühung. Der Hutturm des Papstes verspricht, er muß nichts halten. Die Tiara ist ein Versprechensschrei, der ewige Seligkeit durch geistige Unterwerfung in Aussicht stellt.

Der gravitätisch schreibende Journalist verspricht, seine Mitteilung sei besonders wichtig, indem er seine Sätze breit daherkommen läßt. Er bringt sich nicht ein, vielmehr einen Hutturm aus nichtssagenden Wörtern. Seine Wörter öden uns an, weil sie nichts mit uns zu tun haben – sie sind ein Interessenloch. Uns wird kein Tag geschenkt, an dem wir nicht der Formel begegnen: »Unter der Berücksichtigung der Tatsache, daß …«. »Unter der Berücksichtigung der Tatsache, daß es so spät ist, sollten wir hierbleiben.« Man kann dieselbe Aussage mit acht statt 22 Silben machen: »Es ist spät, wir sollten bleiben.« Der Satz wäre unserer Lebenswirklichkeit näher.

»Deshalb habe China bisher große Zurückhaltung bei der Ausführung von Atomtests geübt«, stand am 11. 6. 94 auf der Titelseite der »FAZ«. Das sind 25 Silben. Dieselbe Aussage läßt sich mit 12 Silben schreiben: »China habe sich mit Tests zurückgehalten.« Das »deshalb« trägt nichts zum Verständnis bei, aus dem Kontext geht hervor, weshalb sich die Chinesen zurückhielten. Autoren täten gut daran, eine Konjunktion wie »deshalb« von vornherein für überflüssig zu halten; erst wenn dadurch ein Mißverständnis entsteht, sollten sie sich die Verständnishilfe durchgehen lassen. Der Autor des Artikels verwendet die Vokabel »Atomtest« statt »Test«. In fünfzehn Zeilen zuvor kommt sechsmal das Wort »Atom« vor, es ist unmöglich, das Wort »Test« auf etwas anderes zu beziehen als auf die Bomben. Autoren achten zu wenig darauf, daß der Kontext mitschreibt. Sie schaffen Breite und Langeweile dadurch, daß sie etwas wiederholt benennen, was der Leser seit der Überschrift verstanden hat.

Es gibt keinen Artikel auf der ersten Seite irgendeiner Tageszeitung, den man nicht um ein Drittel bis um die Hälfte kürzen könnte, ohne daß etwas vom Sinn verloren ginge oder die Verständlichkeit litte. Die Wörterüberfülle erschwert das Aufnehmen der Mitteilungen. Statt: »Der Bundesrat hat mehr als 20 Gesetze blockiert« heißt es: »Die Zahl der vom Bundesrat blockierten Gesetze der Bundestagsmehrheit übersteige bereits die Zahl 20.« Um »reagieren« zu schreiben, braucht ein Redakteur der »FAZ«-Ausgabe elf Silben: »Aus Erfahrung die Konsequenzen ziehen.«

Eine weitere Art der Vokabelhuberei: »insgesamt«, »geradezu«, »indessen«, »lediglich«, »gleichsam«. Es gibt selten einen Grund für sie. Leute, die sich öffentlich äußern, kommen auch mit Hauptwörtern gerne breit auf uns zu. Sie sagen »Technologie«, wenn sie Technik meinen, »Zielvorgabe« oder »Zielprojektion«, wo »Ziel« genügt, »Aufgabenstellung« statt »Aufgaben«, »Formgebung« statt »Form«, »Sinnhaftigkeit« für »Sinn«, »Befindlichkeit« für »Zustand«, »Die Bestände der Seekühe sind zu gering« statt: »Es gibt zu wenige Seekühe.«

»Der Abgeordnete sprach sich für die Beibehaltung der französischen Spezialeinheiten aus.« Der Satz könnte heißen: »Der Abgeordnete will, daß die französischen Spezialeinheiten bleiben.« Zum Wort »Beibehaltung«: Das eigentliche Wort ist »halt«, das andere sind Vor- und Nachsilben: »be«, »bei«, »ung«. Vor- und Nachsilben sagen weniger aus als Stammsilben. Man kann nicht immer vermeiden, Silben an einen Stamm zu kleben. Man sollte beim Verwenden von Silben so vorgehen, als kostete jede überflüssige Silbe eine Gebühr, dann bekommt man die richtige Empfindlichkeit. Wenn sich in einem Wort drei Silben an eine Silbe hängen, die sagt, was los ist, ist das parasitär. Der Witz bei dem Wort »Beibehaltung«: Die Silbe »halt« ist am mächtigsten allein: »Der Abgeordnete will die französischen Spezialeinheiten halten.«

Die Papierverschwendung und der Schaden, den Redakteure mit vokabulatorischer Leerbewegung, mit Fertigteilen aus Regierungsbüros ihren Verlegern und der Volkswirtschaft erschreiben, ist enorm, doch nicht das Schlimmste. Schlimmer ist, die Abschreiber bestehlen täglich Millionen von Menschen um das Kostbarste: ihre Zeit. Um das auszugleichen, liest man nicht mehr, man »überfliegt«. Es entsteht eine Spirale der Verwahrlosung unserer sprachlichen Fähigkeiten. Weil die Leser nicht mehr richtig lesen, fühlen sich die Redakteure aus der Verpflichtung entlassen, am Text zu arbeiten.

Seit der Entwicklung der Kanzleisprache der Feudalzeit üben Wörter durch Unverständlichkeit Macht aus. Unverständlichkeit ist die Schwester der Polizei. Um Macht zu kontrollieren, braucht man mehr Verben.

Durch Journalisten hindurch üben die Süchtigen der Machtdroge den größten Einfluß auf unsere Sprache aus, sie, die Verständlichkeit und Eindeutigkeit meiden. Wer das miserabelste Deutsch spricht, Politiker und Großkaufleute, bestimmt über den Inhalt unserer Lehrpläne.

Von der Belebung durch Kontraste oder Die erfüllte Worterwartung

Ein Wort, das der Leser erwartet, kommt zu spät. Taucht in einem Text häufiger ein Wort auf, das der Leser vorher erwartet hat, entsteht Monotonie. Die Evolution hat unzählige Erfindungen hervorgebracht, um die Arten zu sichern durch Fortpflanzung. Eines ihrer Mittel, mit denen sie Lebewesen aufeinander hetzt, damit sie sich vermehren, ist der Kontrast.

Der am häufigsten vorkommende optische Gegensatz ist der zwischen Grün und Rot. Mit der Grün-Rot-Kombination schafft die Natur, daß Apfel-, Birnen-, Zwetschgen-, Kirschen- und Mandelbäume in jedem Frühjahr von Insekten befruchtet werden. Kontrastreich farbiges Gefieder regt Vögel an, sich zu vervielfältigen. In allen Lebensbereichen ist Abwechslung vonnöten, Abwechslung optischer und anderer Art, um Aufmerksamkeit und Interesse wach zu halten. Die Kaufleute, deren Gewinne davon abhängen, wie gut sie verstehen, Aufmerksamkeit zu erregen, haben die optische Kultur unserer Stadtzentren revolutioniert durch das An-Aus farbiger Leuchtreklame.

Der niederländische Verhaltensforscher Nikolaas Tinbergen beobachtete Möweneltern und Möwenjungen während des Fütterns, er stellte fest, die Alten entleerten den Kropf erst, wenn das Junge mit seinem Schnabel an eine bestimmte Stelle des Elternschnabels klopfte. Die Stelle ist markiert, die Silbermöwe hat am unteren Ende ihres Schnabels einen dicken roten Punkt. Er probierte die Küken mit künstlichen Schnäbeln aus, die er mit verschiedenen Farben bemalte. Er fand, es war nicht die Wellenlänge, die wir als Rot sehen, es war der Kontrast. Die Küken reagierten auch, wenn er einen grauen Schnabel ins Nest schob mit einem dicken weißen Punkt.

Wird in einem Text Worterwartung öfter erfüllt, entsteht Langeweile. »Daß die planmäßigen Grabungen auch Überraschungen enthielten ... versteht sich im immer eine Sensation parathaltenden Ruinenfeld dieser Metropole beinahe von selbst.« Nach »versteht sich ...« versteht sich das Eintreffen von »von selbst« von selbst.

»Im hölzernen Pressedom, in dem sich Journalisten aus aller Welt über den Ablauf einer Raumflugmission berichten ließen, gähnt dem Besucher ...« etwas entgegen, wovon man sich leicht vorstellen kann, um was es sich handelt. Im zitierten Beispiel ist es eine »geradezu gespenstische Leere«, eine mit zwei Beteuerungsformeln garnierte. Warum der Autor versichert, die Abwesenheit von Menschen im Pressedom verhielte sich, und zwar wie ein nach Sauerstoff hungerndes Säugetier, das sein Maul aufreißt, bleibt ihm verborgen. Diese Wendung gehört zu den unausrottbaren Schiefheiten. Die Leere gähnt nicht. Ein Mund, der gähnt, bildet eine Höhle, eine »Leere«, die Leere ist die Folge, nicht der Täter, sie stellt sich nicht selbst her.

In einem Satz der »Berliner Morgenpost« vom 17. 5. 95 heißt es über eine Rede des Bundespräsidenten: »Herzogs Rede wurde mit lang anhaltendem Applaus aufgenommen.« Spätestens, wenn der Leser die Buchstaben »lang an ...« wahrnimmt, versteht er, daß die Zuhörer von der Rede begeistert waren. Noch während er versteht, sagt ihm der Autor, die Zuhörer haben lange geklatscht. Der Autor hätte schreiben können: »Die Zuhörer klatschten laut und lange.« Von diesem Aspekt abgesehen, kann man eine Rede nicht *mit* lang anhaltendem Applaus aufnehmen, irgendwann muß man zuhören.

»Auch hier leistete das Buschmesser, das Hauptwerkzeug der Eingeborenen, gute Dienste.« Was auch immer das Buschmesser leistete, daß es »gute Dienste« sein würden, erwarten die Leser, bevor sie erfahren, es sei das Hauptwerkzeug der Eingeborenen. Sie erwarten die Vokabeln, und diese kommen.

Eine andere Art der Worterwartung erfüllen Autoren durch Doppelungen, wie »nach Strich und Faden«, »Roß und Reiter«, »Stock und Stein«, »Wind und Wetter«, »Hinz und Kunz«, »Kreti und Pleti«, »Kind und Kegel«, »Lust und Laune«, »Mann und Maus«, »Haus und Hof«, »Stumpf und Stil«, »Pflicht und Schuldigkeit«, »alles, was Rang und Namen hat«, »nichts und niemand«, »ganz und gar«. Wenn jemand etwas »Kopf und Kragen kostet«, »schreit er Zeter und Mordio«, denn es geht »ums nackte Überleben«. Die Doppelungen kommen aus der Sprechsprache, dort haben sie ihre Berechtigung, sie schaffen Sprechmelodie. Als gedruckte Wörter schaffen sie Monotonie. Erfüllte Worterwartung kostet den Autor Leseraufmerksamkeit, sein kostbarstes Gut.

Wer nicht mehr erfährt, als was er sich denken kann, erfährt zuwenig. Solche Sätze könnten ebensogut mit Pünktchen aufhören statt der erwarteten Wörter, sie wären immer noch verständlich.

Kontrast ist ein Schalter, der dem Leser Energie zuschaltet. Es ist, als entstünde eine Spannung, wenn zwei ungleiche formale Elemente vereint oder unmittelbar hintereinander die Sinne erreichen.

Das gilt für jeden Lebensbereich. Wenn ein dreijähriges Kind eine gewisse Zeit mit demselben Gegenstand gespielt hat, wird es müde und schläft ein. Reicht ihm die Mutter ein anderes Spielzeug, wird es wieder lebhaft. Man kann, angefüllt mit einer halben Bratente und unfähig, auch nur einen weiteren Bissen davon zu sich zu nehmen, eine Portion Vanille-Eis, garniert mit Erdbeer-, Nektarinen- und Kiwi-Schnitzen, dem Entenüberdruß »entgegenstellen« (»contra stare«) und wird neu gewonnenen Platz im Magen fühlen.

Der Begriff des Kontrastes ist von dem der Abwechslung nicht zu trennen, man kann beide Begriffe in bestimmten Darstellungen als Synonyme verwenden. »Abwechslung« liegt im Bedeutungsfeld von »Unterhaltung«. Abwechslung und Unterhaltung werden gerne verdächtigt. Man verwechselt Abwechslung leicht mit Zerstreuung. Die Befangenheit gegenüber dem Bedürfnis, sich durch wechselndes Erleben zu erfrischen, hat vermutlich eine ideologische Geschichte. Wo die meisten Menschen angeordnete Arbeit leisten müssen, um ihre Lebenshaltungskosten einzubringen, sind sie über viele Jahre einem eintönigen Tageslauf eingepreßt. Die Verteufelung des Bedürfnisses nach Abwechslung ist herangezüchtet worden von Leuten, die daran interessiert waren, daß die Mehrheit der Menschen den Beschwerden entfremdeter Arbeit möglichst lange standhalte und der Versuchung widerstehe, sich »ablenken« zu lassen.

Arbeitsdisziplin läßt sich erzwingen, Lesedisziplin nicht. Der Autor sichert sich die Aufmerksamkeit des Lesers, indem er ihm Abwechslung bietet. Allein aus Gründen der Gesundheit verlangt der Organismus nach Wechselfällen. Wenn er sich auch wegen des Broterwerbs monotone Lebensform aufzwingen lassen muß, beim freiwilligen Akt des Lesens verlangt ihn nach gut gearbeiteter Verführung. Die stärkste Verführung geht von unerwarteten Wahrheiten aus, einem Kontrast.

Kontraste lassen sich durch alle Textelemente herstellen: durch die Kombination bestimmter Adjektiva mit bestimmten Hauptwörtern. Willy Brandt sagte einmal in einer Wahlrede in Ostdeutschland: »Die SPD will ihre Vorstellungen verbreiten wie eine ansteckende ...« Wer, der in der deutschen Sprache aufgewachsen ist, könnte ausschließen, daß ihn an dieser Stelle des Satzes die Vokabel »Krankheit« im Griff hat? Willy Brandt sagte: »eine ansteckende Gesundheit«.

In einem Reisebuch über Italien schrieb der deutsche Schriftsteller Rudolf Borchardt (1877–1945): »Das Italien unserer Ahnen ist, wie man weiß, seit die Eisenbahnen es für den Verkehr verschlossen haben, eines der unbekanntesten Länder Europas geworden.« Der Kontrast in dieser Aussage besteht zwischen dem Begriff »Eisenbahn« und dem Verb »verschließen«. Mit Eisenbahnen verbinden wir automatisch das Gegenteil: »erschließen«. Der Kontrast überrascht uns mit der Wahrheit, daß eine Eisenbahn nicht nur zu einem Ziel fährt. Sie fährt auch vorbei. Sie fährt uns an sehr viel mehr Orten vorüber, als die Orte, zu denen sie uns hinbringt. Der Satz überrascht uns, weil wir über uns erfahren, wir haben bisher nur eine Seite der Sache Eisenbahn wahrgenommen, nicht die andere. Der Autor hebt ein Wissen, das immer schon in uns lag, ohne uns zu nützen, in unser Bewußtsein. Er schenkt uns ein

Denkwerkzeug, mit dem wir nicht gerechnet hatten, indem er eine Worterwartung enttäuscht. Es ist, wie wenn man Glück gehabt hat. Die Enttäuschung einer Worterwartung muß etwas enthüllen, etwas, das ich vorher nicht gesehen habe. »Es regnet in Strömen«, schafft kein Bild mehr, »es regnet Vorhänge« oder »vom Asphalt stehen Tropfen auf« macht den Leser zum Mitwirkenden.

Ernst Jünger schreibt in seinem Buch »Das abenteuerliche Herz« während einer Betrachtung verschiedener Figuren des Dostojewskij-Romans »Raskolnikow« (oder »Schuld und Sühne«) über Luschin: »Das Bedeutsame dieser Figur liegt vor allem darin, daß jeder im Leben einmal mit ihr in Berührung gekommen ist, mit jener untergeordneten, aber gefährlichen Überlegenheit, die auf der Kenntnis des Lebensmechanismus beruht.« Wenn wir lesen: »jene untergeordnete, aber gefährliche Überlegenheit«, saugen uns die Wörter hinein in Erlebnisse, die wir gehabt haben. Wir spüren die unerwartete Wahrheit dieser Kontrast-Formulierung deutlich, jeder von uns hat die untergeordnete, aber gefährliche Überlegenheit schon vor dem Fahrkartenschalter erlebt, beim Hausmeister, bei der Putzfrau, bei der Verkäuferin, beim Kellner.

Kontrast unterwandert das Vorurteil durch Überraschung. Er schießt das Erkenntniserlebnis in den Verstand, bevor dieser sich mit Vorurteilswatte abschirmt. Worterwartung sollte enttäuscht werden, wenn eine unerwartete Richtigkeit abfällt, die der Leser sofort erkennt. Das unerwartet Richtige kommt nie ungelegen, es steigert das Interesse des Lesers am Text. Solcher Kontrast verwirrt nicht, er erhellt.

Übergänge

Ein Absatz ist dazu da, dem Leser in Form einer Unterbrechung eine Erfrischung zu reichen. Das augenblicklich Verständliche und Richtige *unerwartet* einsetzen – dafür gibt es Stellen im Text, die sich besonders gut eignen: Übergänge zwischen Absätzen und Kapiteln. Leser erwarten ohnehin nach einem Absatz einen neuen Anlauf. Wir neigen dazu, die Möglichkeiten des Kontrastes zwischen Absätzen einzuebnen, indem wir noch einmal auf das verweisen, was wir im Absatz zuvor geschrieben haben. Als zweifelten wir, daß der Leser uns verstanden habe. Eine Art Interpretationswut verführt uns, dem Leser zu erklären, was wir ihm gerade sagen. Es ist erfrischender, die Aussagen unverbunden nebeneinander zu stellen und dem Leser die Interpretationen zu überlassen.

In einem informativen Bericht der Seite Drei der »SZ« vom 12. 6. 95 über Franz Josef Strauß mit dem Titel »Der Doppelverdiener – Wie der Freistaat für sich Werbung machen ließ und Franz Josef Strauß dabei kräftig abkassierte« erwähnt der Autor ein Buch über den Protagonisten und zitiert aus dem Vorwort, »daß das Bild, das sich die Öffentlichkeit von ihm macht, mit der Wirklichkeit seiner Person bestenfalls ungefähr übereinstimmt«. Damit beschließt der Autor den Absatz und fängt den nächsten an mit: »Das stimmt auf jeden Fall, denn in Wirklichkeit war Strauß nicht nur Ministerpräsident, sondern daneben auch noch Verkäufer von *Airbus*-Flugzeugen, hochdotierter Testamentsvollstrecker beim Großversandhaus Baur (Jahrestantiemen bis zu 300000 Mark), und von 1978 bis 1988 Mitinhaber der Contas-Werbeagentur (mit Jahresgewinnen bis zu 60 000 Mark auf seinen 15-Prozent-Anteil).«

Der Autor mutet den Lesern mehr als die Hälfte der Textmenge als Wiederholung zu. Er greift in den letzten Absatz zurück, das geht bis in den Klang: Von »übereinstimmt« zu »stimmt«; er greift wieder die Vokabel »Wirklichkeit« auf. »Die Wirklichkeit kannten wenige«, wiederholt, »auf jeden Fall stimme«, daß die Öffentlichkeit sich von Strauß ein falsches Bild mache, »denn« er »war nicht nur Ministerpräsident« – was wir, wenn wir es nicht gewußt hätten, gerade im Artikel des Autors gelernt haben –, »sondern daneben auch noch« dies und das. Ebensogut könnte man schreiben: »Noch noch noch.« Der Autor schafft den Sprung nicht zu einem Absatz mit neuer Aussage. Er hätte den Absatz beginnen können mit: »Strauß verkaufte *Airbus*-Flugzeuge, verdiente als Testamentsvollstrecker bis zu 300 000 Mark im Jahr beim Versandhaus Baur, von 1978 bis 1988 besaß er 15 Prozent der Contas-Werbeagentur und verdiente damit jährlich 60 000 Mark.« Diese Version ist halb so lang, es fehlt nichts an Information.

Jeder Absatz ist ein neuer Anfang, lockt den Leser mit Anfangsreiz. Der Autor, der am Anfang nicht anfängt, vielmehr fortfährt, verplempert die Neugierde des Lesers, die durch die Leerzeile entstanden ist. Ein Läufer überwindet die Beklommenheit vor dem Start mit einem »Achtung. Fertig. Los!«, dann fängt er an zu rennen. Auch bei Autoren sind Anfangsängste etwas Natürliches, sie sollten aber nicht im Text stehen. Der Text sollte, wie das Rennen, erst nach dem »Achtung. Fertig. Los!« beginnen. Der Leser ist der Igel des Autorenhasen.

Häufig werden Absätze eingeebnet durch einen Kommentar. In einem Artikel über die Nachtflugpost (»AZ«, Pfingsten-Ausgabe 1995): »Auf dem Flughafen werden ankommende und abgehende Briefsäcke sofort nach der Landung in großen Hallen von Helfern nach Zielorten sortiert und in die nächste Nachtflugpost-Maschine geladen. Die BEA bedient von München aus den ›Sachsenstern‹, das Briefzentrum auf dem Flughafen Leipzig.« Absatz: »Das Ergebnis kann sich sehen lassen: Der nach Rügen bestimmte Brief, den der Absender heute in Miesbach einwirft, wird abends von Postbrummis zum Flughafen München gefahren. Dort kommt er im Jet erster Klasse nach Berlin oder Hamburg und wird von dort aus wieder im gelben Post-Brummi nach Rügen gebracht.« Ich würde streichen: »Das Ergebnis kann sich sehen lassen«. Den Kommentar braucht der Autor, der Leser nicht.

Der Autor braucht auch die anderen Schwächen in seinem Text. Sie helfen ihm, ins Thema zu finden, sich »warmzuschreiben«, das heißt, sich mit dem Thema vertrauter zu machen. Insofern sind Schwächen in der ersten Fassung legitim und nützlich. Der Schreibende sollte sich nicht darauf versteifen, perfekt zu sein, bevor er eine erste Fassung formuliert, eine Mindesttextmasse hat, an der er verbessern und seine Aussageabsichten freilegen kann. Sonst blockiert er sich. Die Textschwächen sollten Verschalungen sein, die man vor dem Druck entfernt, nachdem man den Beton der treffenden Aussagen hineingegossen hat.

Autoren verschmieren Aussagen ineinander, die sie erst durch einen Absatz voneinander getrennt haben, auch durch Ankündigungssätze wie: »Überhaupt der Verkehr ...« oder »Noch eines kam hinzu: ...«. In einem Artikel über die bayerischen Sozialdemokraten steht in der »SZ« vom 2. 6. 95 über die Vorsitzende Renate Schmidt: »Sie ist thematisch eine ›Überfliegerin‹ mit großen fachlichen Lücken, die auf fundierte Hilfe angewiesen ist. Wird ihr aber von verschiedenen Seiten zugearbeitet, wirken ihre Reden aufgesetzt, wird sie unsicher.« Absatz: »Ein zweites Handikap macht ihr zusätzlich zu schaffen. Sie ist in München noch immer nicht ›angekommen‹, fühlt sich fremd und nicht angenommen von ihrer Fraktion.« Die Passage »ein zweites Handikap« bestätigt, daß im vorangegangenen Absatz von einem Handicap die Rede gewesen war. Der Autor erinnert daran, daß er von einem ersten Handicap geschrieben habe, das dürfte der Leser in der Kürze kaum vergessen haben. Das Adverb »zusätzlich« sagt, ein zweites Handicap ist ein zweites Handicap.

In einem Artikel derselben Ausgabe fängt ein Absatz an mit den Worten: »Federico sieht das anders.« Dem Satz sieht man den Ankündigungscharakter an, ohne daß man weiß, was der Autor vorher oder nachher geschrieben hat. Im Folgenden erklärt der Autor – muß er erklären –, was Federico anders sieht und warum. Das könnte er tun, ohne den Leser mit der Ankündigung davon abzuhalten, daß er *gleich* erfährt, worum es geht. Diese Methode erinnert ein wenig an den Witz, in dem zwei Radfahrer hintereinander herfahren und der hintere dem vorderen zuruft: »Dein

Schutzblech klappert.« Der vordere: »Ich versteh' nicht, mein Schutzblech klappert.«

Eine andere häufig verwendete Form des Zuschüttens von Leerzeilen zwischen zwei Absätzen ist die Aucherei, das Betonen, etwas sei »auch« so wie etwas anderes. Beispiel (»SZ« vom 12. 6. 95) ein Text über den »Metzgersprung« während der Feier zum »837. Geburtstag der Landeshauptstadt« München: »Dort nahm die mittelalterliche Welt durch klöppelnde Burgfräuleins und Ritter beim flämischen Kegelwurfspiel Gestalt an.« Absatz: »Seine Tradition hielt auch das Münchner Handwerk hoch. Tischler, Schneider, Kürschner und Steinmetze praktizierten ihr jahrhundertealtes Können im Handwerkerdorf am Odeonsplatz.« Ein anderer Absatzanfang: »Daß eine stark fleischbetonte Nahrung zu einer ›stärkeren Ausdünstung‹ bei Hunden führt, hat auch Marcel Wanner ... festgestellt.« Das »auch« sagt, etwas verhält sich wie etwas. Das zu sagen kann im einen oder anderen Fall nötig sein, es ist meist überflüssig. Mit Bindewörtern wie »auch«, »denn«, »vielmehr«, »nun«, »dagegen«, »also« und anderen verbinden die Autoren wieder, was sie vorher durch einen Absatz getrennt haben.

Ab und an kommt einem vor, der Autor habe sich nachträglich erschreckt, den Verständnissprung eines Absatzes gewagt zu haben, und habe deshalb die Satzaussage des neuen Absatzes nach vorne geholt (»SZ« s. o.): »Die Regierungen der Dritten Welt und der Industriestaaten müßten mehr basisorientierte Entwicklungsmodelle fördern, um die Fluchtbewegungen von armen in wohlhabende Länder sowie vom Land in die Städte zu bremsen, forderten die Wissenschaftler in einer am Wochenende in Washington vorgestellten Studie.« Absatz: »Nötig sind nach Auffassung der US-Forscher vor allem Initiativen für mehr Beschäftigung.« Anstatt, zum Beispiel: »Die Wissenschaftler empfehlen …« und so weiter.

Ein anderer Autor hebt den Absatz wieder völlig auf, indem er das, was er vorher über eine Spalte geschildert hat, im Anfangssatz wiederholt. Er schreibt vierzig Zeilen über die Folgen des Erdbebens von Neftegorsk auf Sachalin und schreibt dann in den letzten drei Zeilen: »Angesichts der Kälte wird jedoch kaum noch mit der Bergung von Überlebenden gerechnet.« Nach dem Absatz beginnt er mit: »Überlebende aus der vom Erdbeben zerstörten russischen Stadt Neftegorsk haben am Donnerstag gegen Pläne der Regierung protestiert, sie in andere Städte auf der Insel Sachalin umzusiedeln.« Überlebende woher denn sonst?

Vom ersten Satz

»Er betrachtete intensiv seinen Bauchnabel, dann seine Fingernägel. Wo immer er sonst hinschaute, konnte er nichts erkennen, keine Bewegung, keinen Gegenstand. Plötzlich begriff er, daß er sich durch die Jahrmilliarden gelangweilt hatte. Er beschloß augenblicklich, etwas dagegen zu unternehmen. Das Ganze dauerte sieben Tage. Dann blühten Röschen und Birnenbäume, und dazwischen ergingen sich die ersten Menschen, wenn auch noch ohne Affen. Endlich hatte er Gesellschaft, Gott, der ehemalige

Herr des Nichts, Gesellschaft, die ihn durch Anbetung ein bißchen zerstreute.« So ungefähr könnte ein Zeitungsredakteur die Bibel anfangen. In der Luther-Übersetzung heißt es: »Am Anfang schuf Gott Himmel und Erde.«

Redakteuren mag sich die Ansicht aufdrängen, man könne den Anfang der Bibel – oder den Anfang des Romans »Der Prozeß« von Kafka – nicht mit Texten aus der Zeitung vergleichen. Man kann nicht nur, man sollte. Der wesentliche Vorzug dieser Anfänge ist: man versteht im Moment des Erblickens der Buchstaben. Man wird als Leser nicht hingehalten. Der Autor, der den Leser hinhält, hält ihn hin, weil er selbst noch nicht verstanden hat. Er schreibt sich zum Verständnis seines Gegenstandes hin.

Beliebt sind Anfänge nach dem Muster: »Es krachte.« Oder: »Die Nacht war fürchterlich.« Die Art Anfangssätze spiegeln zwei prinzipielle Schwächen, denen Autoren erliegen: Beliebigkeit und Mystifikation. Beliebigkeit in der Auswahl der Details am Anfang eines Themas und gewollte Unverständlichkeit kommen aus dem Bedürfnis der Autoren nach Dramatisierung, sie trauen ihrem Thema nicht zu, daß es fessele. Sie sind befangen in der falschen Annahme, es gebe schwache Themen.

Ein Bericht über die Umweltpolitik der Weltbank im »Spiegel« (12/94) beginnt: »Wenn Freunde die Beamtin um ihr ›Traumleben‹ beneiden, lacht Cornelia Quennet nur gequält. Ihr Chef, der deutsche Umweltminister, schickte sie im vergangenen Jahr nach Washington, Rom, Paris und nach Cartagena in Kolumbien. In Genf und New

York war sie öfter, als sie sich spontan erinnern kann. Mit 37 Jahren zählt die diplomatische Juristin zu den jüngsten Referatsleitern der Bonner Ministerien, zuständig für ›Internationale Zusammenarbeit, Umwelt und Entwicklung‹.« Folgt die achtfache Textmenge. Die Dame taucht darin nicht mehr auf, noch ihr Ministerium. Der Autor hatte ihre Ministerialjugend und ihre Reisestrecke für seinen Einstieg benutzt. Die Zeilen könnten der Anfang eines Artikels sein, der von den Vorlieben deutscher Mittdreißigerinnen beim Autokauf handelt. »Anfeaturen« nennen die Kollegen das.

Der Anfang ist nicht themenspezifisch. Und damit unverständlich. Er ist eine Täuschung des Lesers. Das meine ich nicht moralisch. Die Enttäuschung mindert die Anziehungskraft des Textes. Der Mensch wird nicht gerne gefoppt, auch nicht, wenn er liest.

Ein Text will auf etwas hinaus. Der erste Satz sollte sagen, worauf der Text hinauswill. Die Geheimniskrämerei kommt aus dem Glauben, Unverständlichkeit erhöhe die Spannung. Ein zweiter Grund ist die Sorge des Autors, er könne am Anfang zuviel verraten und dann nicht genug zu sagen haben, um seine Zeilen zu füllen. Autoren mystifizierender Anfänge erinnern an die Haltung von Jungfrauen des vergangenen Jahrhunderts. Die Weisheit der Jungfrauenökonomie besagte, je konsequenter sie sich mit ihren Reizen zurückhielte, um so stürmischer würde er sie begehren und um so eher eine feste Bindung eingehen. Der Irrtum von Autoren, die Anfänge geheimnisvoll vor sich hinraunen, besteht darin anzunehmen, ihre Mitteilung werde um so kostbarer, je weniger Information sie enthalte und je mehr sie sich beim Mitteilen zieren.

Die Auffassung, man müsse den Leser überrumpeln, um ihn zu unterhalten, hält sich so lange, weil sie leicht zu realisieren ist. Der mystifizierende Anfang ist die billigste Lösung, er kostet den Autor wenig. Ein Techniker der Spannung, der Dramatiker Heinrich von Kleist, hat uns gezeigt, wie man Menschen durch eine Bühnenhandlung festhält. Der Zuschauer seines Theaterstücks »Der zerbrochene Krug« weiß von Anfang an, daß der Richter, der den Fall aufzuklären sucht, der Täter ist. Die Spannung wird aufrechterhalten, weil die Zuschauer wissen wollen, wie der Richter enttarnt wird. Die Spannung entsteht, weil das Publikum von Anfang an am Geschehen beteiligt wird. Die Zuschauer wissen, was auf sie zukommt. Hätte Kleist am Schluß plötzlich enthüllt, der Richter habe die Tat begangen, über die er verhandelte, hätte er den Zuschauer mit dieser Information überrumpelt, das Stück hätte weder Substanz noch Sinn. Bevor verhandelt wird, muß auf den Tisch, worum es geht.

Diese Methode, den Leser hinzuhalten, erinnert an den rührenden Alten, der seinem Urneffen eine aufziehbare Maus mitbringt und ihn, der mit ferngesteuerten Autos und Flugzeugen spielt, auf das Geschenk scharfzumachen versucht, indem er, Hände und Maus auf dem Rücken, immerzu fragt: Ei, was hab' ich denn hier?

Die Art Anfangsalbernheit wird gerne nachgeahmt. Sie kostet nichts. Ich hatte einen populärwissenschaftlichen

Beitrag geschrieben über die Entstehung menschlicher Sprache. Das Magazin, das den Text druckte, hatte kurz zuvor eine Redakteurin eingestellt, sie hatte einige Jahre im Ratgeberressort einer Frauenzeitschrift gearbeitet. Sie schrieb meinen Anfang um: »In der heißen ostafrikanischen Savanne säuselt eine Schimpansin in das behaarte Öhrchen ihres Töchterchens ...«. Ich hatte geschrieben: »Der Kehlkopf muß runter, wenn der Affe sprechen soll.« Aber mit diesem Anfang, sagte sie gereizt, sind Sie doch mitten in der Sache!

Eine andere Einstiegsschnurre in der »Spiegel«-Nummer 12/94: »Die Zeit zum Duschen und Umziehen nahm er sich noch. Dann rief Theo Waigel, gerade aus Detroit vom Treffen der sieben führenden Wirtschaftsnationen zurückgekehrt, aus seiner Bonner Wohnung den Parteifreund Gerold Tandler an.« Der Redakteur muß sich in Waigels Schlafzimmer versteckt gehalten haben. Nichts, was nach der Dusche, sollte es eine gegeben haben, geschehen sein könnte, hat das geringste zu tun mit Seife, Duschgel und Wasser oder mit Waigels Haaren im Abflußsieb.

Spannung entsteht dadurch, daß man das Ende kennt. Der Sinn eines Eisenbahnzuges erfüllt sich nicht nur darin abzufahren, als auch darin anzukommen. Wenn man weiß, wo die Fahrt endet, wird die Strecke interessanter. Nur wenige würden in einen Zug steigen, von dem sie nicht wissen, wohin er fährt, wie reizvoll auch immer die Vorstellung für den sein mag, der Geld und Zeit im Spiel zu verlieren bereit ist.

In der Ausgabe 18/94 des Hamburger Nachrichtenmagazins steht ein Artikel über die Deutsche Bank und ihren Vorstandsvorsitzenden Hilmar Kopper. Der Text beginnt: »Er hatte sich alle Mühe gegeben. Aus dem 32. Stock, wo er nahe den Wolken in Frankfurt arbeitet, war Hilmar Kopper hernieder gekommen und hatte den verwirrten Menschen wieder und wieder erklärt, wie alles geschehen konnte.« Es ist nicht zu übersehen, das Verb »herniederkommen« ist ironisch gemeint, eine Anspielung auf Erzengel Gabriel in Lukas 1,26 des Neuen Testaments, der herniederkommt, Maria die Geburt Jesu durch den Heiligen Geist zu verkündigen. Der Text zieht sich hin über zwei Seiten, er zeigt einen Autor, der über zwei Seiten versucht, einen Text anzufangen. Man weiß auch am Schluß nicht, »wie alles geschehen konnte«.

Jemand, der liest, gibt Energie aus, indem er sich konzentriert. Stellt er fest, er habe die Energie aufgewandt, um zu erfahren, Waigel habe sich geduscht, ohne daß die Schulden der Deutschen verringert worden wären, fragt er sich, warum soll er seine Zeit damit verbringen zu lesen, daß sich ein Finanzminister duscht, was ist daran Besonderes? Duschen sich die »Spiegel«-Redakteure nicht? Solch unwirtschaftlicher Umgang mit Leseraufmerksamkeit ist unseriös, um ein aus der Mode gestoßenes Wort zu gebrauchen.

Das Anfangen ist eine Probe, die manchen Autor in Hilflosigkeit stürzt. Der Autor spürt sein Unvermögen und will trotzdem schreiben. Er möchte mit dem Schreiben beginnen, möchte mit dem Text fertig werden, bevor er den Gegenstand so gut kennt, daß der Text aus ihm herauswill. Er hofft, unbewußt, durch das Schreiben werde sich seine Unsicherheit auflösen, er werde während des Schreibens erfahren, was er beim Anfangen noch nicht klar erkennt. Wer einen Text zu früh beginnt, sei es, weil er einen Termin fürchtet, sei es, weil er die Sache möglichst schnell hinter sich bringen will, verkrampft sich. Als wollte die Apfelblüte reifer Apfel sein. Die Formulierungen folgen nicht der Sache, sondern dem Wunsch nach Effekt. Mit dem Effekt reagiert der Autor seine Hilflosigkeit ab. Er greift zu Finten. Er hofft, die Finten werden seine Leser über seine Hilflosigkeit hinwegunterhalten. Dadurch erfährt der Leser, der zu lesen versteht, mehr über den Zustand des Autors beim Verfassen eines bestimmten Textes als über den Gegenstand. Der Autor möchte die Sache herbeischleifen mit Wörtern, statt darauf zu vertrauen, daß ihm die Sache die Wörter hinterherwirft, wenn er sich lange genug auf die Sache einläßt. Wörtersicherheit entsteht durch die Einheit mit dem Gegenstand. Wo diese Sicherheit nicht vorhanden ist, verrenken sich Autoren bis zur Bereitschaft, bewußt zu lügen, um den Leser festzuhalten. Ich möchte hier ein letztes Beispiel journalistischer Anfangsschäbigkeit anführen, auch wenn ich mir bewußt bin, daß Schimpfen den Reiz von Kritik nicht verstärkt. Die Zeitschrift »stern« druckte in ihrer Ausgabe 24/96 als Titelgeschichte eine Arbeit mit dem Aufmacher-Titel »Rätsel um die Urmenschen«. Das Stück beginnt mit zwei Spalten Reportage, in welchen geschildert wird, wie amerikanische Forscher im Pamirgebirge Schneemenschen begegnen. Die Schneemenschen werden dargestellt als übriggebliebene Nachfahren des Neandertalers, die Meinungen von Wissenschaftlern werden angeführt, um zu beweisen, daß die Schneemenschen Neandertaler sind, als aus Jahrtausenden herübergekommene Vorfahren von uns. Man fragt sich als Leser, wieso weiß ich das nicht, eine Nachricht dieser Wichtigkeit müßte ich kennen. Habe ich während der letzten Wochen nicht mehr richtig zugehört, zuwenig gelesen? Zwei Spalten ist viel für eine Publikumszeitschrift. Auf der dritten Seite beginnt der Text: »So beginnt ein Science-fiction-Roman, den Steven Spielberg demnächst verfilmen will.« Der Redakteur lenkt die Aufmerksamkeit der Leser mit großem Aufwand lange in eine bestimmte Richtung und sagt ihnen dann: »April! April! Was ihr bisher gelesen habt, ist Quatsch.« Damit verstößt er gegen ein Grundgesetz für den Umgang mit der Aufmerksamkeitsenergie des Lesers, die sein größtes Kapital ist.

Ein Textanfang, der mit dem Ende des Textes nichts zu tun hat, ist ein Mißgriff. Je genauer ein Autor das Ende seines Textes kennt, um so besser ist er für den ersten Satz vorbereitet.

Im Sommer 1994 erschien von Frederick Forsyth auf deutsch der Roman »Die Faust Gottes«. Er beginnt mit dem Satz: »Der Mann, der noch zehn Minuten zu leben hatte, lachte.«

Die Sucht nach Eigenschaftswörtern

In einem Vortrag von Gottfried Benn findet sich die Passage: »Ich las kürzlich von Clémenceau folgende Geschichte: Er hatte einen neuen Privatsekretär engagiert und wies ihn am ersten Tag in seine Aufgaben ein. Einige Briefe, sagte Clémenceau, werden Sie allein verfassen müssen. Hören Sie zu: ›Ein Satz besteht aus einem Hauptwort und einem Verbum – wenn Sie ein Adjektiv verwenden wollen, fragen Sie mich vorher.‹ ... Es ist das gleiche, was mir Carl Sternheim mit auf den Weg gab, als wir beide jung waren, er sagte, wenn Sie etwas gemacht haben, nehmen Sie es sich noch einmal vor und streichen Sie die Adjektiva, es wird dann klarer, was Sie meinen. Es stellte sich als richtig heraus, es war ein Zwangsproblem für meine Generation, das Fortlassen der erklärenden, breitmachenden Adjektiva.«

Das Eigenschaftswort ist ein Sogwirbel, es reißt Autoren am schnellsten in ihre intellektuelle Tiefe. Es sollte, wie das Adverb, dem Autor vom Gegenstand aufgedrängt werden, über den er schreibt, nicht von Gewohnheit oder vom Sprachgebrauch oder, wie man besser sagen sollte, von der Konvention.

Entsteht im Autor die Absicht, das Wort »Offenheit« zu schreiben, macht dieses ihn vorausdenken: »schonungslos«, bei »Mord« »brutal«. Kritik fordert von ihm, daß sie »scharf« »geübt« werde. Mittel sind »alle zur Verfügung stehenden« – eine Behauptung, die oft eine Lüge ist, in den meisten Fällen falsch. Ein Dorf ist »idyllisch«, was immer das ist; Treiben »hektisch«, Existenz »nackt«, Hohn »blank« und ein Kompromiß »faul«. Die Eigenschaftswörter werden gezwungen, mit den Hauptwörtern zu gehen, ob sie wollen oder nicht.

In politisch motivierten Gruppen gibt es eigene Konventionen beim Umgang mit Paaren von Adjektiva und Hauptwörtern. Zum Wortpaarschatz der Deutschen Kommunistischen Partei zum Beispiel gehörte »die ruhmreiche Rote Armee«, Preissteigerungen pflegten, gleich in welcher Höhe, »drastisch« zu sein, Demonstrationen von Genossen und Gleichgesinnten waren »machtvoll«, auch wenn sie die Zahl der Kirchgänger zu Allerheiligen nicht erreichte, der Druck des Gegners »massiv«, Proteste »scharf«, der Widerspruch »eklatant«.

In einer Ausgabe der Zeitschrift »stern« heißt es: »ein handfester Skandal«. Ein Skandal wäre keiner, wäre er nicht »handfest«. Ein »handfester Skandal« ist ein »ovales Ei«, ein »Ei-Ei« wie die Koppelung »unnötiger Luxus« (auch wenn Luxus für manchen manchmal nötig sein kann und deshalb das »unnötig« auch berechtigt wäre). In diesem wie in vielen Beispielen verführen die Substantiva Autoren, ihnen einen Begleiter beizugesellen. Redakteure würden Platz gewinnen, den sie für die Anziehungskraft konkreter Einzelheiten nutzen könnten, wenn sie die Eigenschaftswörter strichen, die keine andere Funktion haben als die eines Verstandesschoners. Diese Begleitvokabeln machen Leser über den Text hasten. Die Mitteilungslöcher treiben sie über die Zeilen mit dem Hunger nach Konkretheit, nach Bild, nach Verstandesbelastung. Sie halten ihn nicht auf zur inneren Ruhe, diese tritt erst ein, wenn Wörter Leser in den Text hineinziehen. Die Ruhe läßt den Leser das Lesen unterbrechen, damit er den Satz noch einmal genießen kann.

Im Theaterstück »Kaschmir in Parching« von Martin Walser streiten zwei Bürgermeister-Kandidaten darüber, wie die Deutschen am besten die Nazi-Vergangenheit bewältigen sollten. Der eine der beiden sagt zum anderen: »Dieses unmäßige Interesse für die bösen zwölf Jahre, das ist nicht die Bewältigung der Vergangenheit, das ist Vergewaltigung der Gegenwart. ... Ganz Deutschland möchte ich verteidigen gegen Ihren selbstgefälligen denunziatorischen Sadismus, gegen Ihre moralische Eitelkeit, gegen Ihre abstrakte Wut, gegen Ihre künstliche, unmenschliche Anständigkeit, die in Wirklichkeit nichts ist als eine Armut der Seele.« Der Interviewer einer Zeitschrift hält Walser vor, das sei »rechter Stammtisch, nur schöner formuliert.« Walser antwortet: »Wenn ich Ihrer strafenden Ungenauigkeit ein Echo sein darf, stammt Ihr Vorhalt aus linker Talkshow. Ich glaube, daß Intellektuelle, die im ›stern‹, ›Spiegel‹, ›Zeit‹ und ›FAZ‹ arbeiten, alles, was sie selber zu sagen nicht aufgelegt sind, zum Stammtisch erklären. Jetzt also zum Stück. Da wird der von Ihnen zitierten Haltung widersprochen. Richtig inszeniert müssen beide Haltungen gleich ernst genommen werden. *Dann erst müssen die Zuschauer sich wirklich selber fragen, weil ihnen nicht manipulativ geholfen wird.*« (Hervorhebung von mir)

Dasselbe gilt für Wörter, auch für Eigenschaftswörter. Vokabeln wie »vergiftet« gekuppelt mit »Klima«, »bohrend« mit »Fragen«, »gründlich« mit »versalzen« sind nicht genau benug. Es fehlt ihnen in solchen Zusammenhängen an Konkretheit. Sprachliche Konvention ist inkonkret.

Indem der Autor zusammenbringt, was nach Herkommen nicht zusammengehört, schafft er Schärfe und Genauigkeit, Frische durch unerwartete Richtigkeit. Wenn Walser dem Reporter antwortet: »... Ihre strafende Ungenauigkeit«, zeigt er, daß dieser schlampig denkt, weil er dem Bedürfnis nachgeben will, sich in seiner vorgefaßten – linkskonventionellen – Meinung gehenzulassen. Der Mann von der Zeitschrift genießt es, sich über den prominenten Interviewten zu erheben. Er will nicht eine ihm fremde Position verstehen, er will urteilen, publizistische Macht ausüben – das kann er nur haben, wenn er entstellt. Walser nennt freundlicherweise »Ungenauigkeit«, was in Wirklichkeit eine Verleumdung war.

Ein Leser, der merkt, daß er etwas versäumt, wenn er nicht aufmerksam hinschaut, wird wacher. »Weihevolle Inkompetenz«, »feierliche Unfähigkeit«, »staatstragende Gauner« für bestimmte Politiker oder »dahinschießende Zimmer« für einen Luxuszug halten ihn am Text durch überraschende Wahrheit. Man sagt konventionellerweise nicht, der obdachlose Ladendieb sei in Verstrickung geraten. Wirklichkeit überfällt unser Bewußtsein noch bevor es sich durch Denkkonvention verschließen kann. Wir haben immer gewußt, Politiker können Gauner sein und daß manche es sind; wir haben gewußt, komfortable Zugabteile können als rollende Zimmer gesehen werden. Befangenheit in der Sprachkonvention hat uns daran gehindert, es so zu formulieren. Wir genießen die neue Zusammenstellung von Adjektiv und Substantiv, sie befreit uns aus der abgestandenen Luft des Herkömmlichen. Konvention hat unser Wissen ins Unterbewußtsein weggedrückt.

Vielen der anderen Sorte von Wie-Wörtern geht es nicht anders, den Adverbien oder Umstandswörtern, die uns sagen sollen, wie eine *Handlung* abläuft. Eine Erkenntnis ist »beileibe« nicht neu, wenn sich jemand nicht kümmert, kümmert er sich »herzlich wenig«, Hände regen sich »fleißig« – wenn es nicht schon »fleißige Hände« sind, bevor sie sich regen: »Fleißige Hände regen sich«. Wendet sich jemand gegen etwas, dann »entschieden«, und zwar gegen »alle Versuche«. Setzt sich jemand über Regeln hinweg, dann »kaltschnäuzig«. Erben werden von Autoren gezwungen, sich fortwährend zu krümmen vor Lachen, falls die »lachenden Erben« sich nicht gerade ins Fäustchen … Faule Hände regen sich.

Von den Gefahren konventionellen Schreibens

Man spricht gerne von Hitlers »Machtergreifung«. Das ist nicht korrekt, vielmehr Wortkonvention, die die Wirklichkeit falsch darstellt. Er wurde in freien Wahlen gewählt. Es gab viele Deutsche, die er in ihren Wünschen und Ängsten bestätigte und bestärkte – Wünsche und Ängste, die auch durch öffentliche Texte über Jahrzehnte in Gang gebracht worden waren.

Untersucht man die Texte der Hitlerreden, die die Massen in schwärmerische Raserei versetzten, findet man Platitüden und Vorurteile. Hätten wir im deutschen Sprachraum eine bessere Ausbildungskultur für Schreibende, hätte die in alle Wohnungen gebrüllte Konvention nicht solches

Echo haben können. Es war nicht der Einfallsreichtum Hitlers, dem die Massen zustimmten, Hitler bestätigte ihre Vorurteile und Ängste, die in Jahrzehnten vom Obrigkeitsstaat gepflegt worden waren. Er selbst war dessen Produkt. Er artikulierte offen und radikal, was die Mehrheit lange vorher zu denken und zu fühlen, zu sagen und zu schreiben gelehrt worden war. Er verstärkte Wirkungen, deren Ursachen vor der Zeit Kaiser Wilhelms entstanden waren. Der »Führer« war ein Ergebnis desselben nationalen Minderwertigkeitskomplexes wie alle die, die delirierend auszogen zum selbstmörderischen Morden. Er vergrößerte die Deutschen durch Rassenhetze, nationalistische Hetze und durch militärische Siege. Ein Volk, geschult an Texten der Gebrüder Mann, Kafka und Joseph Roth, hätte über Hitlers Reden gelacht. Mit einem solchen Volk kann man keinen Krieg organisieren.

Der ehemalige Mitherausgeber der »Frankfurter Allgemeinen Zeitung« und Verfasser einer Hitler-Biographie, Joachim Fest, würdigte in der »FAZ«-Ausgabe vom 7. Oktober 1995 unter der Überschrift »Zeitgenosse Hitler – Versuch, das Unbegreifliche begreifbar zu machen« die Vorzüge der Hitler-Biographie des englischen Historikers Alan Bullock. Er schreibt dann: »Wie alle Welt hatte Alan Bullock seiner Darstellung zugrunde gelegt, daß Hitler der große Widersacher seiner Zeit war ... Die Auffassung konnte zahlreiche Argumente für sich anführen.« Und dann überlegt er: »... ob Hitler nicht in aller Verspätung, die zu ihm gehörte, auch als Repräsentant starker Strömungen in einer Zeit gelten konnte, die aus den Fugen war. Jedenfalls hatte er den Rückenwind machtvoller Sehnsüchte hinter sich. ... Im ganzen fanden sich die Massen ernster genommen als durch ein Freiheitsversprechen, das sie mit ihren tausend Nöten allein ließ; und was den Verlust politischer Rechte anging, glaubten sie sich reichlich entschädigt durch die Teilnahme an den jahrein und jahraus, landauf und landab inszenierten, mit dem Sinn für grandiose Liturgie veranstalteten Gemeinschaftserlebnissen, die ihnen tiefere Empfindungen politischer Mitwirkung verschafften als der gelegentliche Gang zur Wahlurne.... Die Manien und Besessenheiten, die ganze Psychopathologie dieses Mannes kamen ... nicht so sehr aus einem monströsen Machtwillen, wie sehr er auch zum Persönlichkeitsbild Hitlers gehörte. Vielmehr gingen sie auf die vermeintlichen Gewißheiten eines aus Schlagworten und Ressentiments verfertigten, monolithisch starren Weltbildes zurück, dessen Konstanten die Eroberung von Lebensraum und ein obsessiver Judenhaß waren. Nur ein geschlossenes, aus wie trügerischem Stückwerk auch immer fest verklammertes Geschichtsbild kann jene gewaltige Zerstörungsenergie entfalten, die Hitler bis in seine buchstäblich letzte Stunde freigesetzt hat.« Zu den Schlagworten, die vermeintliche Gewißheiten verfertigen, gehören alle Wendungen, die sich selbst schreiben.

Wer im Zoo vor einem Affenkäfig den Gesprächen von Besuchern lauscht, hört immer wieder Kommentare, die zeigen, wie erstaunt die Menschen darüber sind, daß ihnen die Schimpansen so ähnlich sehen. Konvention läßt sie die Wirklichkeit auf den Kopf stellen. Richtig wäre, sie würden darüber staunen, daß wir den Affen noch immer so ähnlich sind, obwohl sich unsere Entwicklungslinie schon vor fünf Millionen Jahren von ihnen getrennt hat.

Da Kriege durch Wörter vorbereitet werden, können sie auch durch Wörter verhindert werden. Jede Vereinfachung dessen, was wir wahrnehmen, ist eine Reaktion auf das Bedürfnis, unsere Kräfte zu schonen. Die Einschränkung des Menschseins ist auf geistige Bequemlichkeit aus, auf das Zurückschnurren zum Schimpansen. Die anderthalb Genomprozente, durch die wir uns vom Schimpansen unterscheiden, sind durch geistige und produktive Anstrengung entstanden, sie haben unsere Gehirnzellen vermehrt. Ein Muskel, der nicht benutzt wird, schrumpft. Sorgfalt beim Hinschauen und Urteilen kostet mehr Kraft als das Nachsprechen der herrschenden Auffassungen. Spätestens, wenn alle dasselbe sagen, ist der Beweis dafür erbracht, daß das Gesagte falsch ist. »Eine Überzahl der Menschen heute ist des Sprechens kaum mehr mächtig, sie äußern sich in den Phrasen der Zeitungen und öffentlichen Medien und sagen, ohne wirklich dasselbe zu *sein*, mehr und mehr dasselbe.« (Elias Canetti)

Menschen werden nicht allein durch Wörter dazu gebracht, sich mit schwerem Gepäck und mit Waffen zu behängen, in nassen Erdlöchern einzunicken, um kurz darauf hungrig zwischen platzenden Granaten durch den Schlamm zu kriechen und sich Glieder, die Kiefer oder andere Teile des Körpers abhacken zu lassen – da gibt es auch die Gewalt und die Drohung mit ihr durch Gerichte und uniformierte Untertanen, die sich als größeres Übel darzustellen verstehen. Diese Gewalt jedoch würde sich reduzieren auf die Harmlosigkeit angehäuften Eisens, sobald ihr nicht mehr die Gewalt von Wörtern zur Verfügung stünde. Die Macht wächst dem Eisen zu durch die geballten Platitüden konventionellen Ausdrucks.

Das Bedürfnis des Menschen, entwicklungsgeschichtlich vernünftig, seine Kräfte zu schonen, kommt denen entgegen, die darauf aus sind, ihre Macht über andere zu erweitern. Erspart man sich die Anstrengung, die nötig ist zu differenzieren, vergröbert man sich. Man hat häufig »recht« dadurch, daß man sich vergröbert. Die Vergröberung des Denkens wird von denen bestätigt und belohnt, die davon Vorteile haben. Daraus entsteht eine Legitimationsspirale: weil man recht hat, differenziert man weniger, weil man weniger differenziert, hat man recht. Wer differenziert, gerät in die Minderheit. Schließlich hat die Masse »recht«, die den Krieg will. Als Joseph Goebbels im Sportpalast den vielen Tausenden kurz vor dem Ende des Zweiten Weltkrieges die Frage zuschrie: »Wollt ihr den totalen Krieg, totaler und radikaler als Menschen ihn sich je hätten träumen lassen?«, da antwortete ihm zustimmende Raserei. Wäre während jener Veranstaltung einer aufgestanden und hätte gesagt: »Ich liebe meinen Sohn, ich liebe meine Frau. Für mich ist die Vorstellung entsetzlich, daß britische Bomben beide zerreißen oder verbrennen. Wollen wir nicht aufhören zu kämpfen?« Die Zuhörer in seiner Nähe hätten ihn im Ideologierausch erschlagen, weil er das Vernünftige artikuliert hätte. Sie hätten ihn erschlagen oder alle Wörter neu hören müssen, die sie seit ihrem Aufenthalt unter der Bauchdecke ihrer Mutter gehört hatten. Gegen Machtmißbrauch und größeres Lebensbehagen gibt es kein besseres Mittel als sorgfältig gearbeitete öffentliche Texte.

»Wo Konvention ist, da ist es beinahe unvermeidlich, daß Bitterkeit entsteht, gerade weil man sich nicht frei fühlen kann. Wo Konvention ist, ist Mißtrauen, und durch Mißtrauen entstehen Intrigen. Mit etwas mehr Aufrichtigkeit würde man sich das Leben gegenseitig leichter machen.« (Vincent van Gogh)

Man sollte alle Kriegerdenkmäler umtexten. Einer meiner Vorschläge wäre: »Diese Männer mußten mit ihrem Leben dafür zahlen, daß sie in der Schule nicht schreiben gelernt hatten.« Daß das noch nicht geschehen ist, zeigt, was Wörter mit Menschen tun.

Der österreichische Erzherzog Ludwig Salvator, ein »Aussteiger« des vergangenen Jahrhunderts, von den Mallorquinern geschätzt als Autor des zehnbändigen Werkes »Die Balearen in Wort und Bild«, wurde eines Tages – vor hundert Jahren – von einem Gutsbesitzer der Insel Mallorca als Renommiergast zu einer Familienfeier eingeladen. Auf Wunsch erschien er im eleganten Gesellschaftsanzug. Er ließ sich an den Ehrenplatz der Festtafel komplimentieren. Er schüttete die als Vorspeise servierte Suppe in die beiden Außentaschen seiner Jacke, erhob sich und verabschiedete sich: »Sie haben nicht mich, sondern meinen Anzug eingeladen, und der ist satt.« Er hat durch Tat und Wörter ausgesprochen, was auch andere an seiner Stelle gefühlt haben würden, aber nicht mit dem Bewußtsein hätten greifen können. Er war bei sich. Er leistete sich, die Konvention zu überwinden und die Wahrheit zu sagen.

*

Der Autor ist sich bewußt, daß er einige Textschwächen übersehen hat, die er anderen anlastet. Auch wer über die Gewalt der Wörter schreibt, kann sich ihr nicht ganz entziehen.

E. A. R.

Anhang

Der Autor wollte den Fluß des Buchtextes nicht durch noch mehr Beispiele unterbrechen. Die Häufung von Negativbeispielen macht jedoch sensibel gegenüber den eigenen Textschwächen. Die Beispiele stammen aus Zeitschriften und Zeitungen der vergangenen Jahre und aus Erstfassungen von Manuskripten des Autors. Hinter der Kritik, die eine solche Aufstellung darstellt, steht keine dogmatische Haltung: Es gibt Zusammenhänge, in denen es sich empfiehlt, das als falsch Deklarierte zu tun. Wie das Vorziehen der Satzaussage in folgendem Beispiel: *»Allgemeinen Rat erteilen die Sozialämter der Städte, Gemeinden und Kreise sowie die freien und kirchlichen Wohlfahrtsverbände.«*

Der Leser ist aufgefordert, die Listen zu verlängern und weiterzuentwickeln.

Regieanweisungen

(Die kursiv gesetzten Wörter sind überflüssig)

Wer nach mehr Zitronen verlangte, war gegen den Frieden; *ins Extrem gedacht:* exzessiver Zitronenverbrauch gleich Kriegstreiberei.

Müssen wir entlassen werden, *dann* haben wir noch weniger Geld. *Also* verzichten wir lieber auf hundert Mark Lohn.

Das Fahrwerk muß sich mit dem Flickwerk des Asphalts auseinandersetzen. *Dabei* wird einem klar, warum »Ami-Schlitten« oft dotterweich gefedert sind.

Dabei hat man ihm *doch schon* hundertmal gesagt.

Schließlich verbindet die Metropole mit dem Luxusliner aus Detroit nicht nur der *gemeinsame* Name.

... bis *schließlich* der Portier des Plaza Hotels uns respektvoll den Wagenschlag öffnet.

Die jüngste Kreation interpretiert *diesen* Anspruch *nun* etwas runder und weicher in der Linienführung. *Statt*: ... den Anspruch.

Noch eines kam hinzu.

Inzwischen müßte auch der letzte Hauptschulabsolvent gemerkt haben ...

Die Münchener stürmen die Pfandhäuser. Allerdings nicht, um das Familiensilber zu verscherbeln, sondern *ganz im Gegenteil*, um im Sommer versetzte Wertgegenstände *wieder* zurückzukaufen.

Besagter Teppich schmückt seit neuestem den Flur.

Doch statt der damals üblichen Hauswirtschaftsschule absolvierte sie *zunächst* die einjährige Hotelfachschule. Zurück in München, nutzte sie die erworbenen Sprachdiplome *zunächst* für eine Bewerbung als Hosteß.

Auf rund 60 000 DM Ersparnisse brachte sie es während ihrer Anstellung, *wobei* sie sich selbst als sehr sparsam bezeichnet.

Aufklärung über die verschiedenen Arten von Behinderungen ist für Klaus von Maur, *selbst* Vater zweier sehbehinderter Kinder, *deshalb* im »Jahr der Behinderten« die wichtigste Aufgabe und Chance *zugleich*.

Außerdem: *andererseits, also, weil, hingegen, hinwiederum, denn, danach, darum, sowohl als auch, dagegen, seinerseits, einerseits andererseits, vielmehr, das heißt, nämlich, außerdem, sowieso, generell, indes, statt dessen, ausgerechnet, natürlich, freilich.* Etc.

Beteuerungsformeln

Super-GAU (GAU: größter anzunehmender Unfall).

Vorsintflutlicher Tschernobyl-Typ.

Wenn ich sage: »On ne peu pas ...«, bekomme ich ein *richtiges* Schimpansenmaul.

Mehr als 400 Arbeiten sind in der größten Matisse-Ausstellung *aller Zeiten* zu sehen.

Das Spannbeton-Dach der Berliner Kongreßhalle hielt *gerade* 23 Jahre.

Insgesamt, so vermutet er, reiche die Geschichte der menschlichen Sprechkompetenz *sogar* rund zwei Millionen Jahre zurück.

Dominiert bei den Bürgern ein negatives Menschenbild, dann deshalb, weil Rücksichtslosigkeit *besonders* erfolgreich ist.

Stolze 355 Meter lang, aus *soliden* 19500 Kubikmetern Beton.

Der Wagen kostet *satte* hunderttausend Mark.

Wie durch ein Wunder wurde niemand verletzt.

Nur deshalb verging eine *geschlagene* halbe Stunde.

Auch hat sich der Kreis der Sozialhilfeempfänger *deutlich* verjüngt.

... weil man ihnen ihre Behinderung *einfach* nicht ansieht.

Der neue Porsche kostet *sage und schreibe* 190 000 Mark.

Der gebrauchte Porsche kostet *sage und schreibe* eine Mark.

Außerdem: *wahnsinnig, ungeheuer, sehr, entsetzlich, verrückt, grausam, großartig, spitze, unüberbietbar, toll, super, tatsächlich, just, sensationell, überragend, wirklich, märchenhaft, eindrucksvoll, genial, genialisch, wichtig, phantastisch, unbeschreiblich, top, außerordentlich, wirkungsvoll, ungewöhnlich, faszinierend, traumhaft, ideal, echt, fieberhaft, hoffnungslos (veraltet), geradezu, völlig, lauthals*. Etc.

Pseudoverben und Hilfsverben

Der Ölverbrauch *beträgt* ...

In der Bundesrepublik *beträgt* die Eigentumsquote ... Prozent.

Das Zelt konnte 10 000 Besucher *verzeichnen.*

Nutznießer des Gymnastikraums *ist* der Patient. Statt z. B.: Die Patienten nutzen den neuen Gymnastikraum gern.

Umweltfrevel *waren* wiederholte, lautstarke und nächtliche Ehestreitigkeiten eines Düsseldorfer Paares.

Ein toter Hammel *war* Gegenstand des Happenings eines Wiener Künstlers in Ludwigshafen.

Sarajevo ist Schauplatz heftiger Kämpfe. Statt z. B.: In Sarajevo wird heftig gekämpft.

Sie *sind* die Türsteher des Münchener Kult-Clubs P1.

Leute, die nie ein Gewehr in der Hand *hatten* (statt: hielten), werden Verteidigungsminister.

Wahrnehmbar *sind* duftende Gewürze, buntes Obst und die Klänge der sich abwechselnden Kirchenglocken.

Ihr ursprüngliches Ziel *war* Lehrerin.

Nächste Herausforderung für ihr Durchsetzungsvermögen *war* 1982 der Erwerb eines Gasthofes.

Der Name Frankenthal war uns vertraut, er *steht* in der Encyclopædia Britannica. Statt z. B.: Der Name … wird über die Erde verbreitet durch die Encyclopædia Britannica.

Das Stadion *bietet* dreitausend Zuschauern Platz.

Sein Sakko *weist* unzählige Flecken *auf.*

Reich-Ranicki *kennzeichnet* eine Affinität zum Theatralischen.

Es *befinden sich* noch 25 verschüttete Bergleute im Stollen.

Der Elektrosmog *sorgt weiter* für Diskussionen.

Es gibt heute Lammkotelett mit Bohnen und Bratkartoffeln. Statt z. B.: Charlotte kochte und servierte heute …

Außerdem: *beinhalten, umfaßt, besteht aus, durchführen, realisieren, erzielen, passen zu, verkörpern, gelten als, dienen als, aufweisen, setzen auf, stattfinden, stehen für.* Etc.

Kürzungsbeispiele

Beispiel eins

In einer der wenigen Journalistenschulen machten wir öfter die Übung, einen Artikel der ersten Seite einer Tageszeitung so umzuschreiben, daß jedes Wort unverzichtbar war und keine Information fehlte. Regelmäßig ergab sich, der Text schrumpfte auf die Hälfte, manchmal auf weniger. Gleichzeitig gewann er an Frische, man verstand ihn schneller, man verstand ihn mit weniger Anstrengung. Bei mehr handwerklicher Disziplin müßten die meisten Zeitungsseiten halbleer erscheinen.

Die korrigierte Fassung:
In einer Journalistenschule änderten wir Artikel einer Tageszeitung, so daß jedes Wort unverzichtbar war und keine Information fehlte. Der Text schrumpfte auf die Hälfte, manchmal auf weniger. Er gewann an Frische. Man verstand ihn schneller. Bei mehr Disziplin müßten Zeitungsseiten halbleer erscheinen.

Beispiel zwei
Auch hatte ich gelernt, Schreiben fällt um so leichter, je größer die Informationsmasse, die man angesammelt hat.

Zweite Fassung:
Ich wußte, Schreiben fällt um so leichter, je mehr man ansammelt.

Beispiel drei
Nachdem ich den »Seewolf« mit James Mason nach dem Roman von Jack London gesehen hatte, verließ ich breitbeinig und leicht seitlich schwankend das Kino.

Zweite Fassung:
Am Ende des »Seewolf« mit James Mason nach dem Roman von Jack London verließ ich breitbeinig schwankend das Kino.

Beispiel vier
Da uns beiden nichts Menschliches fremd ist, hat der Zettel unter dem Telefon unserer Freundschaft nicht geschadet.

Zweite Fassung:
Uns beiden ist nichts Menschliches fremd, der Zettel unter dem Telefon hat uns nicht geschadet.

Beispiel fünf
Wenn er sich aus Gründen des Broterwerbs monotone Lebensform aufzwingen lassen muß …

Zweite Fassung:
Wenn er sich wegen des Broterwerbs monotone Lebensform aufzwingen lassen muß …

Beispiel sechs
Die Pullover gibt es in *verschiedenen Farben*, Blau, Rot, Gelb.

Beispiel sieben
Ich kann diese Gestimmtheit, wenn sie sonst auf keine andere Weise entsteht, entstehen machen, indem ich nichts anderes tue, als Einzelheiten des Gegenstandes in mich aufzunehmen, in mir anzuhäufen.

Zweite Fassung:
Ich kann diese Gestimmtheit entstehen machen, indem ich Einzelheiten des Gegenstandes in mich aufnehme, in mir anhäufe.

Beispiel acht
Sie können *entweder* über Solln fahren oder über Grünwald.

Beispiel neun
Kontraste erfrischen *sowohl* den Autor *als auch* den Leser.
Statt: … und den Leser.

Verbrauchte Wendungen und Bilder

Der Zoo von Rotterdam hat achtzig Jahre *auf dem Buckel.*

Der 39jährige hatte es sich zusammen mit seinem Bruder, Frauen und Kindern gemütlich gemacht, um den Film »Giovanni Falcone« zu sehen, als das *bis an die Zähne bewaffnete* Sondereinsatzkommando in seinem Versteck im Süden Siziliens *zuschlug.* Dreimal konnte der gefürchtete Mafiaboß seinen *Häschern* entkommen, diesmal *gingen* die Polizisten *auf Nummer Sicher.* Die Meldung verbreitete sich *in Windeseile.*

Die Nachricht verbreitete sich wie *ein Lauffeuer.*

Uns treibt es in die Krise, da uns keiner eine *müde Mark* schenkt.

Besonders ihn, den maßgeblichen *Drahtzieher*, haben die europäischen Partner zu lange *mit Samthandschuhen angefaßt.*

Fast-Food-Restaurants sind in den letzten Monaten *wie die Pilze aus dem Boden geschossen.*

Man darf erwarten, daß *bohrende Fragen* gestellt werden.

Bis dahin waren die Täter mit der Uhrensammlung *über alle Berge.*

Aber *mit Ruhm* hat sich Kohls Regierung *nicht bekleckert.*

Der Grünen-Vorsitzende *wird als* Kandidat für den Posten des Oberbürgermeisters *gehandelt.*

Seit Huhn Henriette im TV-Spot Korn für Korn zum Korn findet, ist der Ost-Klare einheitsdeutscher *Spitzenreiter.*

Knorr-Bremse *malt das Gespenst Berlin an die Wand.*

Der Volkspartei *droht nun eine Zerreißprobe.*

Lehrlinge sind *Mangelware.*
Die Sonne ist *Mangelware.*

Holzschutzmittel *haben* in Wohnungen *nichts zu suchen.*

So *stochere* der Gesundheitsreferent beispielweise bei dem Thema noch völlig *im Nebel.*

Nach zweijährigem erbitterten *Tauziehen* haben die EU-Agrarminister in einer drei Tage und Nächte dauernden *Marathonsitzung* einen Kompromiß gefunden.

An den Rollstuhl gefesselt.

Arbeitskreis *bricht Lanze* für die Straßenbahnlinie 27. Statt: Arbeitskreis verlangt, die Linie 27 solle bestehenbleiben.

Für das Spektakel der Wies'n-Wirte *ist* auch das Kreisverwaltungsreferat *über seinen Schatten gesprungen.*

Das Märkische Viertel wurde in kürzester Zeit *aus dem Boden gestampft.*

Jemandem *wird das Handwerk gelegt.*

Die Geldschneiderei *feiert fröhliche Urständ.*

Das Haar in der Suppe.

Er versuchte, *das Rad der Geschichte zurückzudrehen.*

Vorziehen der Satzaussage

Lukrativ sind »Focus-Online«, »Haus und Garten-Online« oder die für StudentInnen entwickelte Online-Zeitung »Uni-Online« bislang jedoch nicht.

Richtig fruchtbar wird die Bindestrich-Bildung erst, wenn sich einer von den alten Inhalten löst und selber schöpft.

In den kommenden Wochen entscheidend werden dürfte die Erklärung des Gerichts, daß die »Brandausbruchszeit« nicht feststehe.

Jede Hilfe zu spät kam auch für einen heroinsüchtigen Münchner.

Selbst Hand anlegen wollten die Polizisten nicht, die ein 21jähriger Essener gerufen hatte, um seine ausgebüchste hochgiftige Kobra einzufangen.

Treffpunkt ist die Messe geworden für alle, die …

Finanziert werden soll …

Rückendeckung bekommen die Rathaus-Roten jetzt ausgerechnet vom CSU-Umweltminister.

Einem größeren Publikum bekannt geworden war die Schauspielerin durch den Film …

Hilfsmittel bezahlen meist die Krankenkassen.

Bei der Reparatur sind die schweren Eisentore vom Rathauseingang an der Weinstraße.

Eine Generalüberholung bekommt die Kassenhalle.

Stolz auf sich sein kann die Gemeinde Grünwald.

Ebenfalls nicht unumstritten bleiben dürfte die Bestimmung, wonach einzelne Bürger zur Stimmabgabe in ihren (*den*) Wohnungen aufgesucht werden dürfen.

Knallhart will Hubert offenbar seinen beiden Brüdern wie den Springer-Erben, bei denen er die Aktien wieder herausklagen müßte, vorerst jedoch nicht kommen.

Zurückhaltung üben. Statt: sich zurückhalten.

Zum richtigen *Zeitpunkt.* Statt: Zur richtigen Zeit.

Paket-Logistik für Paketauslieferung.

Denn mit der verstärkten Siedlungstätigkeit wachsen die Probleme mit den Autos. Statt z. B.: Wo viel gebaut wird …

Seine Eltern *betreiben einen florierenden Handel* mit antiquarischen Büchern. Statt: Seine Eltern handeln erfolgreich.

Das Kind kann alle *auf die* Wohnung der Eltern *entfallenden Kosten* angeben. Statt: Das Kind kann alle Kosten für die Wohnung der Eltern …

In Klagenfurt trafen 5000 Blumenzwiebeln der holländischen Firma ein, die von den Bediensteten des Stadtgartenamtes in den nächsten Tagen im Landhauspark *zur Auspflanzung kommen werden.*

Das *Problem Müll hat einen wichtigen Stellenwert.*

Auf dieser *profunden Ebene* wurde diskutiert.

Vor diesem Aufforderungshintergrund …

Der Mann war *im Rahmen* eines Trainee-Vertrages *tätig.*

Im Zeichen der Vertretung der Interessen der arbeitenden Menschen.

Außerdem *Lösungsvorschlag* statt: Lösung, *unverzüglich* statt: gleich, *Auswirkungen* – Wirkungen, *Zielsetzung, Problemstellung* – Problem, *Sinnhaftigkeit* – Sinn, *Entscheidungsfindung* – Entscheidung. *Einem Bedürfnis Rechnung tragen, Vorschub leisten.* Etc.

Verbrauchte Adjektiv-Substantiv-Paare

winklige Gassen
nackte Wahrheit
graue Regentage
unscheinbares Veilchen
schallende Ohrfeige
gähnende Leere
hoher Norden
kompromißlose Härte
bohrende Fragen
ungläubiges Staunen
gemeinsame Sitzung
untrüglicher Instinkt
dezenter Nadelstreifen
kühner Sprung
graues Einerlei
schonungslose Offenheit
drastische Preiserhöhung
scharfer Protest

eklatanter Widerspruch
fleißige Hände
letzter Schliff
nachdrücklicher Hinweis
scharfe Kritik
überwältigende Mehrheit
hektisches Treiben
mit aller Deutlichkeit
brutaler Mord
heimtückischer Anschlag
gebranntes Kind
unsägliches Leid
mühselige Kleinarbeit

Verspätete Auflösung

(Man könnte folgende Beispiele zur Übung umschreiben)

Die Diebe *hatten* offensichtlich noch in der gleichen Nacht die Sendungen geöffnet und die Verpackungen sowie die Wertpapiere, deren Verwertung sie der Gefahr der Entdekkung ausgesetzt hätte, bei einer Fahrt auf der Autobahn nach Deggendorf und zurück an sechs Stellen in Containern *entsorgt.*

Die Landtags-SPD *ist* vor dem bayerischen Verfassungsgerichtshof mit ihren Anträgen auf einstweilige Anordnung wegen der – wie die Sozialdemokraten beklagen – Beschneidung des Rederechts in einer Sitzung des Sozialpolitischen Ausschusses, in der es um den Paragraph 218 ging, *gescheitert.*

So *hat sich* beispielsweise Deutschland-Direktor David Scrimgeour vom Wirtschaftsförderungsunternehmen Locate in Scotland vor drei Jahren im 1991 eröffneten Business Centre von Regus an der Arnulfstraße 27 *eingemietet.*

Zu Hunderten *stillen* Wildgänse auf ihrem Flug in nordische Brutgebiete zum Ärger der niederländischen Landwirte auf deren Weiden *ihren Hunger*.